Kristin Berger-Loewenstein

LA PNL

POUR LES DÉBUTANTS

Comment analyser les gens, développer votre Mindset et maîtriser l'art de la communication pour atteindre vos objectifs grâce à des stratégies issues de la psychologie

Première édition originale : 2022

Impression / Livraison : Amazon ou une de ses filiales
Image de couverture : art4all / Shutterstock

ISBN: 9798440853058

LOEWENSTEIN
- INTERNATIONAL -

Loewenstein International GmbH
Ericusspitze 4, D-20457 Hamburg

Table des matières

Préface **5**

En quoi consiste la PNL ? **10**

Les 8 hypothèses de base selon Richard Bandler 10

L'origine de la PNL – Contexte historique 12

But et objectif de la PNL 14

Ce dont il est question dans ce livre 16

Profils des fondateurs de la PNL **17**

1. Richard Bandler 17

2. John Grinder 18

3. Frank Pucelik 19

Quelles sont les célébrités qui doivent leur succès à la PNL ? **21**

Russell Brand 21

Gerard Butler 22

Katy Perry 22

Anthony Robbins 23

Une stratégie grandiose – pas seulement pour les célébrités! 24

Mythes tenaces autour de la PNL – vrai ou faux ? **27**

Une nouvelle forme de manipulation ? 27

Attention secte ? Mettons les choses au clair ! 31

La science au banc d'essai 33

Les différents formats PNL et leurs avantages **35**

Techniques de perception – les clés de votre succès 37

Ancrer – Mieux que de la magie ! 45

Le state management comme booster particulier pour plus d'énergie et de

puissance 47
Comment déterminer vos valeurs et capitaliser dessus ? 49
Aperçu des croyances et des niveaux logiques 53
Modèles d'équipe vs. Modèles de couple 57
Les techniques les plus efficaces de la PNL pour votre réussite 60
Comment maîtriser l'art de la visualisation 61
Les 5 meilleures stratégies PNL dans la pratique 62
Rapport 64
La synchronisation 65
Le pacing 65
Le matching 65
Le leading 65
Swish 66
L'objectif – un élément fondamental sur la voie du succès 70
Manque de confiance en soi 70
3 stratégies pour vous propulser au sommet 72
Découvrez les possibilités illimitées de la PNL ! 75
Quelle influence la PNL aura (ou a déjà !) sur votre vie 75
Les avantages uniques de la PNL dans votre vie 75
Ligne du temps pour un objectif fixé 81
L'ouvre-porte magique pour réaliser vos rêves les plus chers 82
Les possibilités imprévues de nos rêves 84
Vous vous voulez PLUS de la vie ? Avec la PNL, tout est possible... y compris pour vous ! 87
Profitez de la polyvalence de la programmation neuro-linguistique 87
Glossaire des principaux termes PNL 94

Préface

Rares sont les sujets sur lesquels les avis divergent autant que sur la programmation neuro-linguistique, également appelée PNL. Tandis que certains ne jurent que par ce modèle de communication, d'autres considèrent cette méthode comme inutile et absurde. Il n'est donc pas étonnant que de nombreux mythes et préjugés gravitent autour de ce sujet. Dans ce livre, nous ne nous contentons pas de faire table rase des préjugés sur la PNL, mais nous vous expliquons également comment vous pouvez utiliser ce modèle pour vous-même et en tirer bénéfice.

Nous sommes tous différents, non seulement dans notre manière d'être mais aussi dans notre façon d'aborder certaines situations, nos relations avec les autres, notre travail, notre quotidien et nous-mêmes.

En fonction de cette perception personnelle et de l'évaluation de nos sentiments, nous pouvons vivre des situations identiques comme agréables et bénéfiques ou comme difficiles et pesantes. C'est ainsi que chacun d'entre nous crée sa propre réalité.

Savoir quels sont les facteurs qui influencent notre vécu et comment nous produisons nous-mêmes nos expériences est un sujet fondamental de la PNL. L'accent est particulièrement mis sur la communication et le langage.

Après tout, la communication occupe une place importante dans la vie quotidienne de tous. Nous communiquons au travail comme dans la vie de tous les jours, et ce de manière très différente. Il ne faut pas oublier : la communication verbale, tout comme la communication non verbale peuvent être déterminantes pour notre succès. Les formes de communication sont aussi variées que les personnes elles-mêmes : le langage, les mimiques, le ton de la voix - mais aussi le silence - caractérisent la communication avec nos semblables.

Nous communiquons donc, même si nous ne disons rien. Mais pourquoi la communication occupe-t-elle une place si importante dans notre vie ?

Une bonne communication nous permet de bien nous entendre. Mais la communication parfaite ne consiste pas seulement à trouver les mots justes pour dire exactement ce que nous voulons exprimer et à nous faire entendre de notre interlocuteur. Il est souvent difficile d'exprimer ses pensées ou ses sentiments par des mots, et parfois, une bonne communication peut échouer à cause de la personne qui écoute : un mur érigé rendra difficile la réception du message que nous envoyons.

Nous ne sommes pas assez conscients du fait que le processus de communication est un engrenage complexe. Trop souvent, nous négligeons la communication claire et honnête, ce qui nous empêche de prendre conscience de l'impact de nos paroles et de nos gestes. Au lieu de cela, nous élaborons nos propres théories sur les personnes ou les événements et tirons des conclusions hâtives.

Nous devons cependant toujours être conscients que nous créons des réalités par notre communication. Les informations que nous recevons ou que nous transmettons sont basées sur notre caractère, nos expériences et nos particularités. Nous pouvons ainsi créer - ou détruire – des informations. Lorsque nous parlons d'un sentiment, d'un concept ou d'une idée, notre interlocuteur ne recevra pas à l'identique ce que nous essayons de transmettre. Les malentendus sont trop souvent dus au fait que les gens pensent parler de la même chose alors qu'en réalité, ils parlent de choses complètement différentes. Ce phénomène s'observe souvent dans les relations, notamment lorsqu'on parle d'amour et que les deux parties ont une compréhension très différente du phénomène.

Les mots peuvent être les mêmes, mais le contenu est différent. Malheureusement, nous avons tendance à faire des suppositions au lieu de poser des questions, et les suppositions conduisent souvent à davantage de malentendus. Mais si nous posons des questions et donnons à notre interlocuteur la possibilité d'exposer son point de vue, nous pouvons découvrir comment il pense et quelle est sa vision du monde. Il est possible d'éviter les conflits et les malentendus en demandant simplement ce que notre interlocuteur veut dire.

Nous devrions être conscients du fait que chaque personne est marquée par son éducation, ses expériences, sa formation et ses traits de caractère. Bien qu'il existe naturellement des opinions et des sentiments similaires chez les autres, cela ne signifie pas pour autant que nous soyons toujours sur la même longueur d'onde en matière de communication. Chaque personne décide pour elle-même quelles informations sont importantes et lesquelles ne le sont pas. Si vous racontez quelque chose à une autre personne, celle-ci le fera différemment.

En principe, dans la communication, nous nous comparons à notre interlocuteur. Les attentes et les jugements de valeur sont pris en compte, tout comme l'évaluation de l'autre - intelligent, stupide, sympathique ou antipathique. Ce processus se déroule de manière intuitive. Pendant la conversation, nous découvrons donc s'il y a des similitudes, des différences, des choses connues ou nouvelles. De cette manière, nous renforçons notre sentiment d'appartenance ou, à l'inverse, notre sentiment de rejet, de différence.

La régulation sociale se fait également sur la base de cette vérification. De plus, c'est de cette manière que nous découvrons si nous voulons continuer à avoir des contacts avec notre interlocuteur ou non. La communication est donc bien plus qu'un simple échange d'informations : par notre communication et nos actes, nous envoyons des messages à nos semblables !

La programmation neuro-linguistique s'intéresse à la manière dont nos pensées et nos actions sont influencées par le langage et la communication. Savez-vous ce que vos modèles de communication disent de vous et comment les autres les perçoivent ?

Dans les pages suivantes, vous trouverez la réponse à cette question. Vous aurez également la possibilité de mieux comprendre vos propres processus de communication. Cette compréhension vous aidera à améliorer votre façon de communiquer. La communication est la clé du succès.

La PNL ne vous permet pas seulement d'améliorer votre communication de manière impressionnante, elle vous offre également la possibilité d'accéder à des capacités et à des performances exceptionnelles qui sommeillent en vous.

L'être humain a la capacité d'apprendre beaucoup de choses - un avantage de taille ! C'est pourquoi l'un des principes les plus importants de la PNL est que « tout ce qu'une personne peut faire, peut être appris ». On appelle « modélisation » l'enseignement ou l'acquisition de stratégies qui nous permettent d'atteindre nos performances sur la base de talents ou d'aptitudes particulières.

Celui qui possède cette capacité détient la clé d'une plus grande compétence - et cette clé permet d'ouvrir des portes très différentes de la vie !

En lisant ce livre, vous ne comprendrez pas seulement mieux la programmation neuro-linguistique, mais vous serez également en mesure d'initier des changements sans effort. Car la PNL est bien plus qu'une simple méthode de communication, c'est une boîte à outils remplie de méthodes pour réaliser des changements - une aide puissante et efficace qui nous permet de résoudre des problèmes, d'activer des ressources et d'atteindre nos objectifs. Car même si presque tous les gens ont des objectifs dans leur vie, malheureusement, peu d’entre eux parviennent à les atteindre.

Dans les pages qui suivent, vous pourrez acquérir des connaissances qui vous permettront d'améliorer votre propre réussite. Vous serez également en mesure d'améliorer vos partenariats et d'optimiser la communication dans votre travail et dans votre vie quotidienne - ce n'est pas pour rien que de plus en plus de cadres, de managers et de nombreux autres groupes professionnels misent sur les possibilités offertes par la PNL.

Cordialement,

Kristin Berger Loewenstein

En quoi consiste la PNL ?

LA PNL EST DEVENUE UNE RÉALITÉ. Ces trois lettres sont devenues de plus en plus connues au cours des dernières années. Aujourd'hui, il existe déjà des offres très diverses - par exemple pour des groupes professionnels spécifiques comme les managers, les enseignants ou les vendeurs - sur la manière d'utiliser efficacement cette mallette d'outils unique en son genre, pleine de méthodes, de techniques et d'attitudes.

La programmation neuro-linguistique permet d'améliorer la communication avec soi-même et les autres tout en modifiant les comportements indésirables. Le grand avantage de cette méthode réside dans le fait que les attitudes restrictives peuvent être remplacées par des attitudes plus utiles. De cette manière, il est possible d'orienter sa propre vie dans une direction différente et plus satisfaisante.

Mais comment cela fonctionne-t-il ?

Pendant la PNL, les processus du cerveau doivent pouvoir être modifiés à l'aide du langage sur la base d'une manière d'agir systématique. Pour le dire simplement, il s'agit d'améliorer la communication avec soi-même et les autres. Richard Bandler, l'un des créateurs de la PNL, résume ainsi le cœur de son modèle : « La PNL est une attitude et une méthode qui laisse une trace de techniques extrêmement efficaces ».

Selon Richard Bandler, il existe huit hypothèses de base qui constituent le fondement de la PNL. Ces hypothèses sont à la base de tous les processus, méthodes et modèles.

Les 8 hypothèses de base selon Richard Bandler ...

1. La capacité de modifier le processus par lequel nous percevons la réalité

est souvent plus précieuse que de modifier le contenu de notre expérience de la réalité.

2. L'importance de ta communication réside dans la réaction que tu obtiens.

3. Toutes les distinctions que les êtres humains peuvent faire par rapport à notre environnement et à notre comportement sont représentables de manière utilisable par les sens visuel, auditif, kinesthésique, olfactif et gustatif.

4. Les moyens dont un individu a besoin pour réaliser les changements visés sont déjà présents à l'intérieur de lui.

5. La carte n'est pas le territoire.

6. La valeur positive de l'individu reste constante, tandis que la valeur et l'adéquation du comportement interne et/ou externe sont mises en doute.

7. Il y a une intention positive derrière chaque comportement et un contexte dans lequel chaque comportement est utile.

8. Feedback versus échec – tous les résultats et comportements sont des acquis, qu'ils soient ou non des résultats souhaités par rapport à un objectif.

Au cours des dernières années, les hypothèses de base n'ont cessé de changer et de se multiplier. La liste de ces hypothèses s'est allongée car de nombreux formateurs en PNL ont également développé leurs propres hypothèses de base. La plupart du temps, les hypothèses originales de Richard Bandler n'ont toutefois été que légèrement modifiées.

Par exemple, « la carte n'est pas le territoire » est devenu « ta carte n'est pas le territoire ». Grâce à ce changement de perspective, l'hypothèse de base se rapporte directement à la personne et peut être utilisée en conséquence. Néanmoins, chaque hypothèse de base sert avant tout à optimiser les relations avec les autres.

La PNL offre ainsi à ses utilisateurs la possibilité de se considérer eux-mêmes sous un angle nouveau, afin de pouvoir ensuite percevoir différemment leur environnement et interagir avec lui en conséquence. La plus grande pierre d'achoppement sur le chemin d'une vie réussie et heureuse est généralement notre propre attitude et la vision qui en découle. Nous sous-estimons nos capacités et nos compétences et n'avons donc que peu confiance en nous. Nous passons ainsi à côté de nombreuses opportunités et possibilités dans la vie. Cette baisse de confiance et d'estime de soi se reflète également dans la communication avec les autres.

L'origine de la PNL – Contexte historique

Dans les années 1970, Richard Bandler, John Grinder et Frank Pucelik ont posé les bases de la programmation neuro-linguistique. Grinder occupait à l'époque un poste de professeur assistant à l'université de Californie à Santa Cruz. Bandler était mathématicien, Gestalt-thérapeute (psychologie de la forme) et informaticien, et Pucelik étudiait la psychologie. Ces trois hommes avaient une chose en commun :

ils voulaient apprendre et se développer en permanence. Ils ont donc cherché à comprendre pourquoi certaines personnes atteignaient des performances exceptionnelles dans certains domaines, alors que d'autres échouaient à relever le défi.

Pour leur travail, Bandler et Grinder ont observé, analysé et modélisé trois personnalités particulières : le Dr Milton H. Erickson, Virginia Satir et Friedrich « Fritz » Salomon Perls.

Erickson était un psychiatre et psychothérapeute américain et est considéré, aujourd'hui encore, comme l'hypnothérapeute le plus influent de notre époque. Par son travail, il a marqué l'hypnose et l'hypnothérapie ainsi que leur utilisation en psychothérapie. Satir était une thérapeute familiale exceptionnelle et est également considérée comme la mère de la thérapie familiale. Perls était psychiatre et psychothérapeute et est considéré comme le père de la Gestalt-thérapie.

Bandler et Grinder ont étudié les modèles de communication du Dr Milton Erickson, de Virginia Satir et de Friedrich Salomon « Fitz » Perls, et ils ont transmis ces connaissances à leurs étudiants dans leurs propres séminaires, tout en les développant en permanence. Cette nouvelle manière d'apprendre, développée dès 1933 par l'ingénieur et auteur Alfred Korzybski, a été baptisée « modélisation » par les deux hommes. Korzybski a formulé les principes philosophiques et linguistiques de base de la PNL et a inventé le terme « neuro-linguistique » en 1941.

Bandler et Grinder ont tout d'abord développé le concept de *Preferred Representational System* (PRS), qui part du principe que les êtres humains perçoivent leur environnement de différentes manières, mais surtout par le biais de certaines perceptions sensorielles. En 1976, les deux hommes ont analysé les structures linguistiques de Perls et de Satir. C'est ainsi qu'est né le méta-modèle de la PNL, un modèle de langage qui permet de collecter et d'évaluer des informations sur les modèles de pensée du partenaire de communication.

En outre, ce modèle distingue une structure de surface et une structure profonde de la communication humaine.

Au cours de leurs travaux, ils ont observé des managers, des artistes, des vendeurs et des pédagogues et ont élargi la méthodologie. Grâce au travail remarquable de Grinder et Bandler, la PNL réunit aujourd'hui différentes approches psychothérapeutiques en une procédure orientée vers les objectifs et les solutions de la thérapie ainsi que d'autres domaines de la communication.

La PNL est généralement considérée comme un modèle de

communication interpersonnelle et comme un ensemble de méthodes et de modèles psychologiques visant à rendre la communication interpersonnelle et l'influence plus efficaces. Mais cette vision néglige les bases méthodologiques et les connaissances proprement dites : la programmation neuro-linguistique est une science ou une forme de psychothérapie.

But et objectif de la PNL

Nous pouvons donc considérer la PNL comme un ensemble de techniques, de stratégies et d'aptitudes qui nous permettent de mener une vie positive, autodéterminée et réussie ; elle nous fournit des stratégies qui peuvent nous apporter un soutien précieux dans les domaines les plus divers de la vie.

Dès les années 1970, la PNL a été utilisée par des chefs de projet, des vendeurs, des coachs et des cadres supérieurs et n'a cessé d'être développée depuis. C'est ainsi que le modèle a aujourd'hui un large spectre d'application : dans la vie professionnelle, dans la thérapie et surtout pour l'optimisation de sa propre vie.

Sur quoi repose la programmation neuro-linguistique ?
Richard Bandler, John Grinder et Frank Pucelik n'ont pas été les premiers à s'intéresser à la programmation ou à la modélisation. Sigmund Freud, le psychologue des profondeurs mondialement connu et fondateur de la psychanalyse, avait déjà créé en son temps quelques modèles utilisés aujourd'hui dans la PNL. C'est surtout avec le modèle de la personnalité que Freud a marqué la psychologie de manière exemplaire : dans ce modèle, l'homme est divisé en trois instances de la personnalité (le ça, le moi et le surmoi). Ce concept et d'autres concepts de Freud sont encore aujourd'hui d'une grande importance dans la programmation neuro-linguistique.

Outre Freud, deux autres hommes ont exercé une influence décisive sur le développement de la PNL : Noam Chomsky, professeur de linguistique américain, a développé la grammaire générative et transformationnelle, qui s'intéresse aux multiples possibilités du langage. L'affirmation la plus connue de Chomsky : « un sujet peut former un nombre infini de phrases avec un nombre limité de règles et un nombre fini de mots ».

L'ingénieur et auteur polono-américain Alfred Korzybski, auteur de la sémantique générale, a été le premier à inventer le concept de différence structurelle : cette différence structurelle est utilisée dans le cadre de la programmation neuro-linguistique ainsi que dans différentes formes de thérapie et de coaching. Le principal message de Korzybski est que rien ne semble être ce qu'il est réellement. Selon lui, l'être humain ne perçoit pas la réalité absolue. Au contraire, la réalité est mélangée avec des sensations et des interprétations. Les conclusions de Korzybski sont aujourd'hui utilisées, entre autres, dans le méta-modèle.

Outre les nombreux grands penseurs et personnalités qui se sont penchés sur la programmation neuro-linguistique au fil des ans, de nombreux chercheurs ont aussi travaillé sur le sujet.

Le constructivisme est un élément important du modèle. Dans cette théorie de la connaissance, l'apprentissage est toujours un processus de construction actif : chaque apprenant se crée sa représentation personnelle du monde. Ce que l'apprenant apprend réellement dépend de ses connaissances préalables et de sa situation de vie. L'idée principale du constructivisme est donc que les gens ne réagissent pas aux stimuli d'un monde objectif, mais qu'ils se créent une réalité subjective à partir d'impressions sensorielles. Celle-ci dépend à son tour fortement de l'empreinte de chaque personne. Donc de vous !

Ce dont il est question dans ce livre ...

Grâce à ce livre, vous pourrez vous plonger plus profondément dans le monde de la programmation neuro-linguistique et mieux comprendre cette méthode. Grâce à ces connaissances, vous serez en mesure d'utiliser la PNL et d'en tirer profit - vous constaterez à quel point il est facile de changer et d'optimiser votre vie. Grâce aux exercices pratiques, vous pourrez facilement appliquer la PNL dans votre vie quotidienne et élargir ainsi vos horizons à différents niveaux.

Grâce à cette boîte à outils composée de méthodes, de stratégies, de techniques et de compétences, vous disposez de possibilités insoupçonnées. Vous souhaitez apporter des changements fondamentaux dans votre vie et atteindre ainsi les objectifs que vous vous êtes fixés depuis longtemps ? Alors lisez la suite ...

PNL = pr améliorer techniques de communication
et changer nos comportements
« logiciel pr le cerveau ». en programmant notre cerveau

Profils des fondateurs de la PNL

Richard Bandler et John Grinder ont commencé à étudier les mécanismes des interactions verbales entre les thérapeutes et leurs clients en 1974 à Santa Cruz, avec d'autres étudiants du Kresge College. Parallèlement, Bandler s'est intéressé au travail de la thérapeute familiale Virginia Satir. Les réunions régulières des étudiants ont donné lieu à la publication « Structure of Magic », qui montre comment obtenir des informations précieuses sur le monde imaginaire des clients grâce à des questions ciblées. Ces connaissances constituent aujourd'hui la pierre angulaire du méta-modèle.

L'année même où les réunions d'étudiants ont commencé, Grinder et Bandler ont rendu visite à l'hypnothérapeute Milton H. Erickson. Ces visites et les discussions qui en ont découlé ont élargi le modèle PNL et l'ont enrichi d'impulsions décisives. Les deux hommes avaient pour objectif d'analyser chaque capacité qu'une personne possède en posant des questions ciblées, de les mettre par écrit et de les transmettre ainsi à d'autres personnes sous une forme appropriée. L'accent était mis sur l'analyse des processus en cours - c'est ainsi qu'est né le modelage dans le but de systématiser les processus thérapeutiques et d'uniformiser la psychothérapie.

Jetons maintenant un bref coup d'œil sur le parcours des trois hommes qui ont influencé et marqué la programmation neuro-linguistique de manière si durable :

1. Richard Bandler

Richard Wayne Bandler est né le 24 février 1950 à Teaneck, New Jersey, et est informaticien, mathématicien et psychologue. Il est également considéré comme l'un des principaux cofondateurs de la PNL. Avec Frank Pucelik, Bandler a commencé à diriger un groupe de Gestalt-thérapie en 1972 et à transcrire les séances de psychothérapie de Fritz Perls. En tant qu'assistant universitaire et superviseur, John Grinder participait également à ces séances de groupe. Les trois hommes ont collaboré (méta-groupe), et ont décrit des modèles de langage sur une base linguistique, puis ils ont développé leur propre modèle de communication (méta-modèle). Plus tard dans leur travail de recherche, ils se sont intéressés à l'analyse de la communication non verbale.

Ils ont surtout choisi des personnes qui avaient réalisé des performances extraordinaires dans leur domaine. Grinder et Bandler voulaient découvrir ce que ces personnes faisaient différemment des autres. Ils ont consigné les connaissances acquises dans des étapes compréhensibles (modélisation).

En 1975, Bandler a fondé la maison d'édition « Meta Publications » et en 1978 la « Society of NLP ». Au cours de sa vie et de ses activités, il a profondément marqué de son empreinte de nombreux modèles PNL. Il s'agit entre autres du modèle Milton, du recadrage, de l'ancrage ou encore de la thérapie Time Line. Aujourd'hui encore, Bandler forme lui-même ses formateurs en PNL.

2. John Grinder

John Grinder, né le 10 janvier 1940, est un linguiste et angliciste américain. C'est en tant que professeur au Kresge College qu'il a fait la connaissance de Richard Bandler. Ensemble, les deux hommes ont commencé à explorer la communication dans la psychothérapie. Ils ont notamment publié en 1975 le livre « The Structure of Magic » ainsi qu'en 1975 et 1977 « Patterns of the Hypnotic Techniques of Milton H. Erickson ». Avec ces deux livres et les publications qui ont suivi, Bandler et Grinder ont fondé la programmation neuro-linguistique.

3. Frank Pucelik

Robert Frank Pucelik est considéré comme le mystérieux troisième homme et cofondateur de la PNL. On entend souvent dire que John Grinder et Richard Bandler sont les seuls à avoir créé la programmation neuro-linguistique. Mais c'est faux. Pucelik a fait la connaissance de Bandler pendant ses études au Kresge College. À cette époque, Pucelik avait déjà une vie mouvementée derrière lui.

Né en 1945, il a grandi dans des conditions familiales difficiles. Il a dû abandonner ses premières études en raison d'un manque de résultats. Il s'est ensuite engagé dans le service volontaire de l'US Navy, où il a suivi une formation médicale. En 1966, il a participé à la guerre du Vietnam en tant que tireur et est rentré aux États-Unis en 1967, traumatisé. À son retour, il a repris ses études et a été plusieurs fois meilleur étudiant dans sa spécialité.

Pucelik a commencé à s'intéresser de plus en plus au développement personnel afin de traiter son traumatisme. À l'université, il dirigeait le groupe de Gestalt-thérapie. C'est ainsi que Pucelik et Bandler ont commencé à travailler ensemble. En 1974, Pucelik est devenu l'organisateur du groupe, ainsi qu'un intermédiaire et un confident.

Mais en 1976, la rupture survient : Pucelik est renvoyé de l'équipe de recherche par Bandler. Il obtient néanmoins sa licence en psychologie la même année.

Un an plus tard, il a fondé le Meta Institute à San Diego et a obtenu un master en psychologie et conseil en organisation. Pendant un certain temps, il a été professeur à l'université d'Oklahoma à Norman et a agrandit l'institut qu'il avait fondé pour devenir le Meta International Inc. En 1987, Pucelik a noué des contacts en Russie. Il s'est installé à Moscou peu de temps après et a commencé une carrière de consultant en management. Il est aujourd'hui président du Pucelik Consulting Group à Odessa, en Ukraine.

Cette éviction a eu pour conséquence que la contribution de Pucelik dans la création de la PNL est tombée dans l'oubli. Bandler et Grinder se sont également séparés et ont pris des chemins différents. Le méta-groupe a été dissous. Comme le nom appartenait légalement au groupe de recherche, les deux hommes décidèrent d'appeler leur découverte « programmation neuro-linguistique ». Dans les années 1990, Bandler a revendiqué la paternité exclusive du modèle, mais sans succès.

Frank Pucelik souligne toujours, qu'aucun des trois hommes n'aurait pu créer la PNL seul. Il s'agissait toujours d'un travail d'équipe.

Il se peut que les fondateurs de la programmation neuro-linguistique n'aient pas toujours été d'accord et que les querelles qui ont opposé Frank Pucelik et Richard Bandler aient pu être évitées d'une manière ou d'une autre. Mais le fait est que ces trois hommes et de nombreux autres pionniers de leur époque ont créé quelque chose dont des millions de personnes dans le monde entier peuvent aujourd'hui profiter. Parmi ces personnes, de nombreuses célébrités ont utilisé la PNL pour leur propre succès - et continuent de le faire aujourd'hui.

Quelles sont les célébrités qui doivent leur succès à la PNL ?

Les personnalités publiques ont un grand impact sur nous. Nous sommes fascinés par ces personnes et souhaitons mener une vie aussi réussie. Pourtant, même les soi-disant célébrités ne sont pas nées chanteuses, actrices ou présentatrices. Elles ont dû travailler dur pour atteindre le succès, mais elles ont surtout dû travailler sur elles-mêmes. De nombreuses personnes qui font aujourd'hui parler d'elles avouent ouvertement avoir eu recours à la programmation neuro-linguistique.

Russell Brand

Russell Brand est connu de beaucoup en tant que comédien, animateur et acteur. Il a commencé sa carrière d'acteur à 19 ans dans une série pour enfants. Quelque temps plus tard, il a découvert son talent de comédien de stand-up. En 2000, il a eu sa propre émission sur la chaîne de télévision américaine MTV, mais il a été renvoyé en 2001, car il s'est présenté au travail en costume d'Oussama Ben Laden après les attentats du 11 septembre. Il a ensuite travaillé brièvement à la station de radio Xfm, un poste qu'il a également perdu suite à un acte irréfléchi.

Après plusieurs emplois différents à la télévision et à la radio, Brand a voulu poursuivre sa carrière d'acteur aux États-Unis et a joué dans différents films comme « Sans Sarah, rien ne va » ou « Histoires enchantées ».

Au cours de sa vie, il s'est rendu compte qu'il avait saboté lui-même ses succès - des problèmes de drogue sont venus s'ajouter à cela. Russell Brand a trouvé la voie de la PNL, qui, selon ses propres dires, a sauvé sa vie. Grâce à ces techniques, il a pu passer du statut de junkie à celui de star de cinéma.

Chaque fois qu'il sentait que sa vie s'effondrait ou que de mauvaises habitudes revenaient, il a eu recours à une technique PNL. De cette manière, il a non seulement modifié sa conscience, mais il a également pu reprendre le contrôle de sa vie. Grâce à la PNL, Russell Brand n'a pas seulement réussi à avoir du succès, il a également réussi à surmonter sa dépendance à l'alcool et aux drogues !

Gerard Butler

L'acteur britannique Gerard Butler avait d'autres projets que de devenir l'un des acteurs les plus connus d'Hollywood. Il a commencé des études de droit à l'université de Glasgow, où il s'est beaucoup investi et a réussi : Butler a notamment été élu président de l'association des étudiants en droit.

Pendant ses études, il a suivi une partie de sa formation dans un cabinet d'avocats réputé de Glasgow. Il a cependant été licencié peu avant la fin de son stage, car il était trop souvent absent. Ce n'est qu'il y a quelques années que l'on a appris que Butler avait eu un grave problème d'alcool durant ces années. La perte de son emploi dans le cabinet d'avocats a été pour lui l'élément déclencheur d'un changement de vie.

Grâce à la PNL, il a réussi à arrêter de boire du jour au lendemain et a déménagé à Londres. C'est là qu'il a posé la première pierre de sa brillante carrière d'acteur. Depuis ce jour, l'acteur ne boit plus une goutte d'alcool et fait partie des acteurs les mieux payés d'Hollywood.

Katy Perry

La chanteuse et compositrice américaine Katy Perry a grandi dans un foyer conservateur et religieux. Sa mère et son père sont tous les deux pasteurs et la petite Katy s'est vu interdire beaucoup de choses - par exemple la chaîne de télévision MTV. Très tôt, elle a pris des cours de chant et a pu faire ses premières expériences dans la chorale de l'église.

Mais, au grand dam de ses parents, elle avait une passion pour la musique pop. En 2001, elle a enregistré son premier album de gospel, mais celui-ci n'a connu qu'un succès très limité et uniquement dans le milieu de la musique chrétienne. À 17 ans, Perry est partie à Los Angeles pour se concentrer sur le chant et l'écriture de chansons pop. Les cinq premières années à Los Angeles ont été marquées par des échecs, des problèmes financiers et de nombreuses autres difficultés.

C'est dans cette période difficile que Katy Perry a découvert la PNL, ce qui allait changer sa vie. Grâce aux différentes méthodes, elle a gagné en assurance et s'est fixé un objectif clair. Elle ne voulait plus se laisser influencer par qui que ce soit et voulait enfin enregistrer la musique qui la passionnait. Peu de temps après, elle a rencontré le producteur de musique Glen Ballard, qui a reconnu son potentiel. Ensemble, ils ont sorti le single « I kissed a girl » en 2008. Avec cette chanson, Katy Perry est devenue mondialement célèbre. Et son succès ne se dément pas. Aujourd'hui, à 35 ans, elle fait partie des chanteuses les plus connues et les plus célèbres de notre époque.

Anthony Robbins

Le formateur en motivation Anthony Robbins est né sous le nom d'Anthony J. Mahavorick le 29 février 1960 à North Hollywood. Après le divorce de ses parents, il a pris le nom de son père. Robbins est l'un des PNListes les plus influents et les plus performants. Dans les interviews, il souligne régulièrement qu'il a appris la PNL de John Grinder en personne. Robbins n'est pas seulement l'une des personnalités les plus influentes de notre époque, il est aussi l'une des autorités les plus importantes dans le domaine de la psychologie, en particulier lorsqu'il s'agit d'atteindre des performances de pointe.

Des personnes souhaitant des changements personnels, commerciaux ou organisationnels font appel à son aide, notamment de nombreuses personnalités publiques. Robbins a par exemple été conseiller du président des États-Unis Bill Clinton, de membres du

Parlement, de nombreux athlètes professionnels et de directeurs des plus grandes entreprises américaines.

Anthony Robbins associe la PNL à l'épreuve du feu à des fins de marketing, ce qui est devenu une sorte de marque de fabrique pour lui. Beaucoup affirment également qu'il est le père de la PNL événementielle - après tout, ses séminaires accueillent jusqu'à 10 000 participants.

Ses livres ont été traduits en 14 langues dans le monde entier, ce qui en fait la publication PNL la plus vendue. Ses cours audios sont également très appréciés et font partie des plus grands succès dans leur genre.

Le grand art de Robbins consiste à modéliser les stratégies des personnalités les plus performantes de notre époque et à transmettre efficacement ce savoir aux autres. Le coach personnel autoproclamé sait comment élaborer des stratégies complexes de manière à ce que chacun puisse les utiliser immédiatement pour améliorer sa propre qualité de vie.

Une stratégie grandiose – pas seulement pour les célébrités!

Les techniques PNL ont été utilisées par ces personnes pour provoquer des changements. Elles ont ainsi trouvé une manière d'être positive qui a eu un impact considérable sur leur confiance. Ils ont ainsi obtenu des résultats étonnants dans leur vie et dans leur carrière. Ils ont donc utilisé la programmation neuro-linguistique pour optimiser et améliorer leur niveau de performance, mais aussi leur confiance et leur estime de soi - car c'est précisément ce qui leur est demandé s'ils veulent mener une vie publique. Ces personnes ont ainsi pu dépasser leur peur de l'échec et leur sentiment de culpabilité et surmonter les obstacles.

En appliquant les différentes techniques et méthodes, ils ont pu atteindre un niveau de confiance en eux plus élevé et ont été en mesure d'utiliser leurs émotions pour réussir. Il existe de nombreuses méthodes en PNL qui fonctionnent comme une sorte de voyage dans le temps : nous devons d'abord regarder notre passé pour pouvoir ensuite avancer dans notre futur.

La PNL donne aux personnes la possibilité d'apprendre beaucoup sur elles-mêmes et sur leur propre corps. Les personnes qui pratiquent la PNL considèrent qu'il s'agit d'un entraînement pour elles-mêmes, afin de pouvoir s'adapter rapidement à de nouvelles situations de travail. C'est la raison pour laquelle de nombreux acteurs, chanteurs ou hommes politiques utilisent les techniques et méthodes de la PNL.

Grâce à la programmation neuro-linguistique, le but de la vie et la volonté changent. En combinaison avec le talent personnel, il est possible de développer une personnalité à succès. En outre, la PNL est souvent associée à une sorte de « ressourcement » : elle fait comprendre à l'utilisateur qu'il ne sert à rien de vivre dans le passé et d'y penser constamment.

Au lieu de cela, le regard positif doit être tourné vers l'avenir. Ainsi, tout est possible !

Que ce soit Russell Brand, Katy Perry ou d'autres personnes célèbres et prospères, ils ont tous eu besoin de plusieurs tentatives dans leur vie pour réussir, et la programmation neuro-linguistique a fourni le déclencheur tant attendu. Ils ont appris à utiliser leurs ressources et à se concentrer sur ce qui était vraiment important pour eux.

Le succès dépend de différents facteurs, cela ne fait aucun doute. Le point le plus important est toutefois l'attitude personnelle ou l'état d'esprit. S'il n'est pas programmé pour le succès, cela ne fonctionnera jamais. Vous n'avez pas besoin d'être Gerard Butler ou Katy Perry pour réussir. Mais il est important que vous soyez vous-même et que vous en soyez conscient !

Mythes tenaces autour de la PNL – vrai ou faux ?

Bien que de nombreuses célébrités s'expriment publiquement de manière positive sur la PNL et que de nombreux succès peuvent être prouvés avec cette méthode, la programmation neuro-linguistique fait régulièrement l'objet de critiques. Outre l'affirmation selon laquelle les méthodes et techniques ne sont pas scientifiques, de nombreux autres mythes entourent la PNL. Souvent, la peur du contact ou la peur de la nouveauté et de l'inconnu jouent un rôle dans l'émergence de ces mythes. Et c'est précisément sur ce point que nous souhaitons apporter un peu de lumière.

Une nouvelle forme de manipulation ?

La PNL est souvent associée à une forme de manipulation. Bien entendu, les méthodes et techniques ouvrent à chacun de nombreuses possibilités nouvelles. Il ne s'agit pas seulement d'une expérience sur soi, mais aussi d'une vision du monde. Les connaissances qui en découlent n'ont toutefois rien à voir avec la manipulation. Après tout, les PNListes ne subissent pas un lavage de cerveau, mais acquièrent simplement de nouvelles connaissances sur eux-mêmes, qui peuvent être appliquées dans de nombreuses situations de leur vie.

C'est précisément cette connaissance approfondie de soi et la meilleure connaissance de l'être humain qui en découle qui amènent de nombreuses personnes ignorantes à parler de manipulation ou d'abus. La PNL n'est rien d'autre qu'une méthode de communication - avec de nombreux modèles qui ont pour but d'orienter le comportement d'une personne dans une direction privilégiée. Il ne s'agit pas de manipuler cette personne, mais simplement de l'aider à atteindre l'objectif souhaité à l'aide de ses propres représentations.

Dans ce contexte, n'oublions pas que de nombreux groupes d'utilisateurs veulent atteindre quelque chose de précis par la communication. Pensons par exemple aux vendeurs, aux orateurs ou aux managers. Grâce aux techniques PNL et à leur utilisation consciente, la communication peut être améliorée de manière ciblée - et les projets souhaités peuvent ainsi être réalisés plus efficacement. Après tout, ces groupes professionnels gagnent leur vie grâce à la communication.

De plus, malgré les techniques utilisées et l'amélioration de la communication, chaque personne peut toujours décider elle-même d'acheter ou non le produit présenté. Aucune personne n'est forcée à acheter ou même manipulée par les méthodes PNL utilisées. La programmation neuro-linguistique est plutôt utilisée pour donner un certain fil conducteur à une conversation ou à un discours. Les méthodes PNL ne permettent toutefois pas de générer des sentiments ou de la sympathie.

Le problème fondamental de l'influence sur les gens ne se trouve donc pas dans la PNL - nous sommes influencés chaque jour de manière insidieuse par la publicité et les médias. Et cette influence est bien plus élémentaire que celle exercée par une technique de communication qui n'a pas cet objectif.

Comment reconnaître les manipulations neuro-linguistiques ?

Bien sûr, il y a malheureusement aussi des brebis galeuses dans le domaine de la programmation neuro-linguistique, qui font beaucoup de mal avec les techniques et les méthodes. Il n'est pas rare que la PNL soit qualifiée de « magie noire » pour cette raison. Ces personnes utilisent de préférence la PNL pour manipuler les gens ou même les soumettre. Il existe cependant quelques points importants qui vous permettent de reconnaître la manipulation d'un PNListe.

#1 : Copier le langage corporel

Les PNListes qui souhaitent utiliser les méthodes de manière négative copient souvent le langage corporel de leur interlocuteur. Ils s'assoient donc de la même manière ou autre. Pour démasquer un PNListe manipulateur, vous pouvez simplement changer de position pendant la conversation et observer le comportement de votre interlocuteur. Si les mouvements sont manifestement copiés, vous devriez vous éloigner de cette personne.

#2 : Multiplication des contacts physiques

Le contact physique permet d'ancrer certaines émotions. Vous en apprendrez plus à ce sujet tout au long de ce livre. Les moutons noirs parmi les PNListes utilisent le contact physique pour mettre leur interlocuteur dans un état particulier. Par exemple, si vous réagissez fortement sur le plan émotionnel lors d'une conversation, comme si vous étiez en colère, et que l'on vous touche dans cet état, c'est que vous avez été incité à le faire. En touchant la même partie du corps, vous pouvez alors être ramené à l'état de colère.

#3 : Focalisation sur les mouvements oculaires

En PNL, on prête beaucoup d'attention aux yeux de l'interlocuteur. Les yeux ne sont pas seulement le proverbial miroir de l'âme, ils en disent aussi beaucoup sur une personne - même si celle-ci ne dit rien à ce moment-là. Les PNListes négatifs prêtent une attention accrue aux mouvements des yeux de leur interlocuteur. De cette manière, ils peuvent découvrir comment vous stockez des informations et comment vous y accédez à nouveau. Ainsi, si vous remarquez au cours d'une conversation que vos mouvements oculaires sont de plus en plus focalisés, vous devriez bouger vos yeux de manière aléatoire et imprévisible. De cette manière, votre interlocuteur sera déconcerté.

#4 : Forcer l'approbation

Celui qui veut utiliser la PNL de manière négative pour ses objectifs et ses projets obligera régulièrement son interlocuteur à donner son accord. En principe, vous ne devriez jamais donner votre accord immédiatement, mais prendre un certain temps pour le faire. Les décisions spontanées et émotionnelles, surtout en matière financière, ne devraient jamais être prises immédiatement. Si votre interlocuteur veut tout de même vous y inciter, il s'agit manifestement d'une manipulation.

#5 : Formulations vagues

Un langage vague ou même des formulations correspondantes sont toujours l'indice d'une possible manipulation. Grâce à cette forme de communication, l'autre personne a moins de chances de contredire ou de réagir. Dans ce cas également, il vaut mieux prendre ses distances avec son interlocuteur.

Malheureusement, la PNL est aussi utilisée à des fins négatives. Cela ne peut pas être évité. Toutefois, cela jette une lumière négative sur les techniques et les méthodes. En principe, vous devriez faire confiance à votre intuition pour éviter les manipulations. Écoutez votre ressenti. Dans la plupart des cas, c'est la meilleure boussole qui vous indique le bon chemin.

Attention secte ? Mettons les choses au clair !

Il n'est pas rare que la programmation neuro-linguistique soit associée aux sectes. En effet, certaines d'entre elles poursuivent des objectifs similaires. L'objectif de la PNL est de montrer à une personne son potentiel et ses capacités cachés, afin qu'elle puisse ainsi orienter sa vie dans la bonne direction.

Il y a beaucoup de gens qui pratiquent la PNL et qui sont surpris par les résultats rapides. En raison de cet enthousiasme, ils souhaitent également faire découvrir ces techniques à d'autres personnes - certains associent cet enthousiasme aux sectes.

Le fait est que la PNL n'est pas une secte. On ne peut toutefois pas nier que de nombreuses sectes exploitent l'efficacité de la PNL et l'utilisent à leurs propres fins. Les membres sont manipulés à l'aide de méthodes et de techniques classiques.

Pour résumer encore une fois : la PNL est un ensemble de techniques et de méthodes scientifiques. Et chaque utilisateur décide lui-même quand et comment il utilise ces outils. Il n'y a pas de pression ni de système caché derrière. En outre, la PNL apprend à gérer sa propre vie de manière responsable - dans une secte, la responsabilité de sa propre vie est généralement abandonnée et prise en charge par la communauté. De plus, l'adhésion à une secte signifie que votre vie doit être menée selon les idées des autres. La PNL, en revanche, vous aide à mener une vie autodéterminée.

Il y a un autre point important qui signale clairement que la programmation neuro-linguistique ne peut pas être une secte : dans une secte, tous les non-membres sont considérés comme un danger extérieur. De plus, les sectes excluent certains groupes de personnes. Ainsi, les membres d'une secte ne peuvent pas avoir de contact avec des personnes non converties, même s'il s'agit de leur propre famille.

La PNL, en revanche, est ouverte et crée les conditions d'une vie harmonieuse avec ses amis, sa famille et ses collègues. Dans la PNL, le centre de l'environnement social est la famille. Dans une secte, ce centre se trouve au sein de la communauté. En outre, chaque secte dispose d'un leader ou d'un gourou, qui se trouve au-dessus de tous les autres membres sur le plus haut échelon de l'échelle hiérarchique.

Il existe certes différents niveaux de formation en PNL, mais pas de leader. Les niveaux de formation dépendent du niveau de connaissance d'une personne et peuvent donc être atteints par n'importe quel PNListe.

Pour conclure, la PNL est très souvent associée à la scientologie. Cela s'explique toutefois par le fait que cette secte utilise elle aussi la programmation neuro-linguistique de manière abusive à ses propres fins, jetant ainsi le discrédit sur la méthode de communication proprement dite.

Un danger potentiel ou une garantie essentielle de succès ?

Outre les sectes, la PNL est souvent associée aux ésotéristes ou aux guérisseurs. Le mythe selon lequel cette méthode pourrait représenter un danger potentiel est donc très répandu. En outre, la PNL est également considérée comme dangereuse en raison de ces liens.

Disons-le tout de suite : la PNL n'est pas un danger, mais une méthode de communication qui a fait ses preuves et qui est ouverte à tous. Une formation a pour but non seulement d'apprendre les différentes techniques et méthodes, mais aussi de les utiliser correctement. Dans le cadre d'une telle formation professionnelle, les dangers potentiels sont également mis en évidence.

La PNL représente toutefois un danger potentiel pour les personnes qui se surestiment, si elles utilisent les méthodes et techniques sans formation. Le plus grand danger de la programmation neuro-linguistique réside donc dans l'irresponsabilité des utilisateurs. Et comme nous l'avons déjà mentionné, on trouve malheureusement aussi dans la PNL de nombreuses brebis galeuses qui utilisent les techniques et les méthodes de manière négative, de préférence pour nuire à d'autres personnes.

Utilisée correctement - et surtout de manière responsable - la PNL n'est pas seulement une possibilité d'atteindre son propre succès, mais aussi de pouvoir mener une vie heureuse et autodéterminée.

La science au banc d'essai

De nombreuses voix affirment que la PNL n'est pas une science. Dans les deux premiers chapitres de ce livre, vous avez pu lire les débuts de la programmation neuro-linguistique et vous savez donc que les connaissances scientifiques ont jeté les bases de la PNL actuelle. Au fil des années, la PNL a changé et s'est constamment développée. Aujourd'hui, il ne s'agit pas seulement d'une méthode de communication et de traitement efficace, mais aussi d'un ensemble de méthodes et de techniques différentes, toutes issues de la science.

En raison de l'évolution du temps, la PNL s'est également adaptée à l'esprit du temps et peut ainsi mieux répondre aux besoins de notre époque. La crédibilité de la PNL est régulièrement remise en question par une utilisation irresponsable des méthodes. Il incombe à chaque prestataire de PNL de considérer l'aspect scientifique comme prioritaire. Un prestataire sérieux se concentrera toujours sur la science et le fera savoir à ses participants.

Malheureusement, la reconnaissance scientifique de la programmation neuro-linguistique n'est pas non plus réglée de la même manière dans tous les pays. En Autriche, par exemple, la PNL fait partie des méthodes psychothérapeutiques et est reconnue en conséquence.

La PNL ne doit toutefois pas être assimilée à l'ésotérisme, même si les deux techniques poursuivent des objectifs similaires : dans les deux cas, l'accent est mis sur une vie épanouie, qui passe par un équilibre intérieur sain.

C'est pourquoi des approches spirituelles peuvent également être intégrées à la PNL. Grâce à sa flexibilité, la PNL peut être appliquée de manière individuelle. Et ce point est sans doute l'une des plus grandes forces de cette méthode.

Les mythes mentionnés jettent déjà depuis de nombreuses années une ombre sur la PNL - mais dans la plupart des cas, la lumière peut être faite en dissipant l'ignorance. Et d'un point de vue nouveau et impartial, la programmation neuro-linguistique permet également d'avoir une nouvelle vision de sa propre vie et des possibilités et opportunités qui s'y rattachent.

Les différents formats PNL et leurs avantages

La PNL sert en premier lieu à modifier systématiquement sa propre personnalité. Les méthodes et techniques peuvent donc être utilisées dans le domaine thérapeutique, mais aussi dans le monde des affaires et dans de nombreux autres domaines. Différents formats sont utilisés à cet effet, chacun ayant son propre objectif.

Travail stratégique vs. travail sur la ligne du temps

Dans le travail stratégique, on utilise de préférence ses propres ressources de manière ciblée. Notre comportement est déterminé par des stratégies qui assument une tâche de direction et de contrôle. La programmation neuro-linguistique propose des méthodes permettant d'apprendre des stratégies d'experts, à l'aide desquelles il est possible d'améliorer considérablement les processus de décision, d'apprentissage, de motivation ou encore de vente.

Nous avons besoin de stratégies pour pouvoir organiser nos pensées et nos comportements. La PNL distingue à cet effet les macro- et micro-stratégies. Une macro-stratégie est par exemple utilisée lorsque vous vous fixez pour objectif de devenir un médecin performant. Vous construisez ainsi progressivement votre carrière - en commençant par les études, en passant par le doctorat, jusqu'à l'obtention du titre de docteur.

Les micro stratégies permettent d'apprendre, d'écrire et de se présenter avec succès et efficacité - ces stratégies sont donc des processus spécifiques au sein de notre système sensoriel. Il s'agit de modes de traitement internes spécifiques des perceptions sensorielles.

En outre, on trouve des croyances et des attitudes spécifiques à chaque stratégie. Cette combinaison vous permet de vous rapprocher petit à petit de l'objectif fixé. Les stratégies indiquent les points à traiter.

Les stratégies de la PNL ont été étudiées en détail afin de déterminer ce qu'une personne fait pour réussir. Cette connaissance est fondamentale et peut être transmise aux autres. Les stratégies sont donc une partie importante de la modélisation.

En outre, dans le domaine de la programmation neuro-linguistique, les stratégies moins efficaces sont également analysées afin de déterminer comment elles peuvent être améliorées. En principe, la PNL désigne par stratégies les processus mentaux qui permettent à la personne concernée d'utiliser ses propres capacités, ainsi que ses croyances et ses valeurs, pour adopter certains comportements. La PNL part du principe que ces processus sont décrits de manière consciente ou inconsciente par la suite de représentations sensorielles (VAKOG) :

Visuel (voir) Auditif (écoute)

Kinesthésique (sentir ou ressentir)

Olfactif (sentir)

Gustatif (goûter)

Contrairement aux stratégies, le travail sur la ligne du temps sert à promouvoir la résilience (résistance ou flexibilité). Le travail sur la ligne du temps n'est pas seulement une méthode très répandue, il est également utilisé à différentes fins. Par exemple, les expériences pénibles peuvent être traitées à l'aide de l'historique des changements.

La ligne du temps des ressources permet de gérer plus facilement les situations futures en tenant compte de ses propres ressources. Dans le travail sur la ligne du temps, on travaille avec le « Future Pace ». Cette étape mentale vers l'avenir aide à tester mentalement les solutions et les modes d'action développés. Le principe est que des pensées intenses facilitent l'action réelle.

La ligne du temps doit donc être comprise comme une sorte de représentation de sa propre vie. Le passé, le présent et le futur sont pris en compte. Le travail sur la ligne du temps permet de trouver des situations du passé dans lesquelles certaines ressources étaient disponibles. Celles-ci peuvent ensuite être utilisées pour les phases de vie à venir.

En même temps, ce format PNL est également approprié pour comparer différents types d'avenir. L'utilisateur peut ainsi se décider pour un type de futur et élaborer une vision positive de l'avenir. Le VAKOG est également utilisé ici.

Techniques de perception – les clés de votre succès

Notre perception occupe une place importante dans toute forme de communication. C'est pourquoi elle joue également un rôle crucial dans la PNL. Si vous êtes en mesure de percevoir les subtilités de la communication verbale et non verbale de votre interlocuteur, vous pouvez également y répondre. C'est la seule façon pour nos sens de recueillir des informations qui nous permettront ensuite d'organiser notre communication de manière positive et active.

Selon VAKOG, nous percevons visuellement, par exemple, les yeux, la direction du regard, les mimiques, l'humidité des yeux, la forme des lèvres, la tension musculaire, les mouvements ou encore la position et le mouvement de la tête.

Le rythme de la parole, la tonalité, le volume, le timbre et l'expression de la voix font dans ce cas partie de la perception auditive.

La kinesthésie nous permet de percevoir la tension corporelle, la tension musculaire ou encore l'énergie de notre interlocuteur.

L'odeur de la sueur ou du parfum fait partie de la perception olfactive.

Nous pouvons percevoir des saveurs telles que le sucré, l'acide, le salé, l'amer ou le piquant.

Tous ces stimuli extérieurs sont captés par nos organes sensoriels. Les informations sont ensuite transmises à notre cerveau par le système nerveux. Les perceptions y sont filtrées, triées et traitées. Ce n'est qu'alors que se forment des images intérieures, des sons ou des sensations. Ce ne sont donc pas les stimuli externes mentionnés qui se trouvent dans notre cerveau. Notre cerveau crée plutôt des représentations internes de ceux-ci.

Pour pouvoir traiter nos expériences, nous créons une représentation intérieure de tout ce que nous percevons. Nous devons tenir compte du fait que nous recevons tout le temps des informations de notre environnement par le biais de nos cinq organes sensoriels (oreilles, nez, langue, yeux, sens du toucher). En PNL, les modalités sensorielles sont également appelées systèmes de représentation. Dans ce contexte, nous utilisons nos cinq canaux sensoriels avec des priorités différentes et individuelles. Cependant, les autres canaux sont souvent négligés.

Alors que certaines personnes sont orientées visuellement, d'autres perçoivent davantage d'informations auditives. De plus, il existe de nombreux filtres de perception, que l'on distingue en filtres neurologiques, sociaux et individuels.

Filtres neurologiques

En raison de la neurologie humaine, certaines fréquences sonores ou ondes lumineuses ne peuvent pas être perçues. Ainsi, nous ne pouvons pas entendre les sons qui ont une signification élémentaire pour les chiens ou les chauves-souris. Notre perception sensorielle est donc physiologiquement limitée - nous ne pouvons pas recevoir certaines informations.

Filtres sociaux

Les modèles culturels ou sociaux influencent également notre perception. Même si nous avons la même neurologie, notre perception du monde peut être totalement différente. C'est pourquoi les personnes vivant dans d'autres pays perçoivent le monde différemment de nous.

Filtres individuels

Comme pour les filtres sociaux, il en va de même pour les filtres individuels. Les expériences personnelles nous amènent à privilégier certaines catégories d'informations et à en négliger ou à ne pas en percevoir d'autres. C'est pourquoi il est possible, par exemple, de distinguer un seul son dans un paysage sonore, alors que les autres sons sont tout simplement ignorés. Par exemple, un fan de voiture peut reconnaître la marque d'une voiture à partir du bruit de son moteur, alors qu'une autre personne ne perçoit aucune différence ou considère même les bruits comme une nuisance.

Notre perception est donc fortement influencée par différents facteurs. Mais c'est par le langage que nous pouvons transmettre à d'autres personnes les informations que nous percevons. Notre façon de nous exprimer ne reflète pas seulement notre vision du monde, mais aussi celle des autres.

Les processus par lesquels nous avons créé le modèle de notre monde sont également importants.

En règle générale, nous avons recours à trois processus de création pour traiter le vécu et le représenter sous forme linguistique. Ces trois processus se divisent en : généraliser, effacer et déformer. Grâce à ces processus, nous pouvons grandir, survivre, comprendre et apprendre. Mais ces processus peuvent aussi devenir problématiques, surtout si nous assimilons ou confondons notre propre perception sélective de la réalité avec le monde extérieur.

La généralisation nous aide à survivre dans ce monde. Pour mieux comprendre, prenons un exemple très simple : enfant, vous vous êtes brûlé avec une plaque de cuisson chaude et vous avez généralisé cette expérience à tous les objets chauds. Donc : grâce à votre expérience d'enfant, vous savez ce qui peut se passer si vous touchez quelque chose de chaud.

Même si la généralisation peut être utile, elle est aussi restrictive d'un autre côté. Par exemple, sous la forme d'une phobie des chiens ou d'autres animaux. Si vous avez été mordu par un chien dans votre enfance, vous transférerez cette expérience à tous les chiens, ce qui vous handicapera dans la vie de tous les jours.

L'effacement nous permet d'absorber des informations qui nous sont essentielles. C'est important, car sinon nous serions submergés de stimuli. De plus, notre conscience ne pourrait pas traiter tous ces stimuli. Grâce à l'effacement, il est par exemple possible de lire un livre pendant que d'autres personnes discutent ou écoutent de la musique.

Mais l'effacement peut également avoir un effet restrictif. C'est le cas lorsque des expériences utiles sont effacées ou ignorées. Par exemple, si vous vous plaignez de ne pas être reconnu, vos expériences dans lesquelles vous avez été reconnu par d'autres personnes pour vos réalisations ont disparu.

La déformation est le troisième processus par lequel nous créons notre perception. Ce processus nous permet de transformer ou de remodeler nos expériences de la manière dont nous le souhaitons. C'est ainsi que nous pouvons transformer nos rêves en réalité.

Les constatations peuvent toutefois rendre la distorsion problématique, par exemple lorsque vous regrettez une décision. Dans ce cas, la décision est figée en un événement qui ne peut plus être transformé. Vous

vous privez en même temps du contrôle des processus en cours, car vous ne transformez pas l'événement en un fait modifiable.

Notre perception est la pierre angulaire de notre succès, sans laquelle nous ne pouvons pas atteindre les objectifs fixés. Si nous voulons réussir, quel que soit notre niveau de vie, la première étape consiste à optimiser notre perception.

Détermination judicieuse des objectifs : une explication simple

La définition d'un objectif ne joue pas seulement un rôle important dans la PNL, c'est aussi une condition préalable à la réussite. Un objectif ne doit pas seulement être formulé de manière positive et concrète dans le présent, il doit également avoir un fort pouvoir d'attraction. En outre, l'objectif doit être clairement vérifiable. Ne choisissez donc pas une période pour l'objectif, mais une date précise à laquelle l'objectif doit être atteint.

Pour chaque objectif que vous vous fixez, demandez-vous ce que la réalisation de cet objectif changera dans votre vie ou si vous êtes d'accord avec cela.

Pour une détermination optimale des objectifs, la formule SMART s'impose.

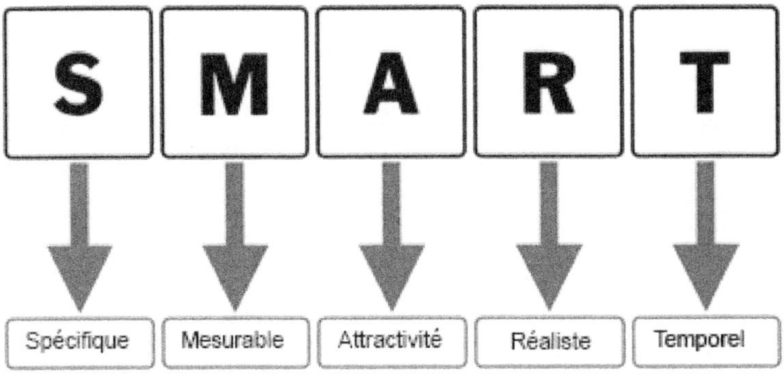

Spécifique signifie que vous décrivez très précisément ce que vous voulez réellement atteindre. Formulez donc vos objectifs de manière très précise - et surtout claire ! Ne tournez pas autour du pot. Ensuite, vérifiez encore une fois si vous adhérez vraiment à votre objectif ou s'il y a des points négatifs qui pourraient vous empêcher d'atteindre cet objectif.

Un objectif doit toujours être mesurable. Pour cela, vous devez établir des critères qui vous permettront de savoir si vous avez atteint votre objectif. Si vous n'avez pas ces critères, vous ne saurez pas non plus si vous êtes proche de la ligne d'arrivée.

L'attractivité joue un rôle décisif dans la recherche d'objectifs. Pour trouver votre objectif, utilisez des formules positives et évitez surtout les termes négatifs. L'image de votre objectif doit être attrayante et surtout avoir un grand pouvoir d'attraction sur vous, de sorte que vous ne pouvez pas faire autrement que d'atteindre cet objectif.

Dans toutes vos formulations, vous devez toutefois garder les pieds sur terre. Tout ce que vous pouvez influencer vous-même est réaliste. Ne faites donc pas dépendre vos objectifs des autres. Cela pourrait vous démotiver et vous faire perdre de vue vos propres actions.

Le dernier point important est la fixation des délais. Vous avez un objectif clair ?

Dans ce cas, vous n'aurez aucun mal à le réaliser à une date précise. Votre objectif a besoin d'une échéance claire. Tenez compte des étapes intermédiaires nécessaires - elles vous aideront à vérifier que vous êtes sur la bonne voie à tout moment.

Mais comment trouver la bonne cible ?

Le chemin le plus court pour trouver sa propre destination

Pour trouver la destination qui vous convient, plusieurs possibilités s'offrent à vous :

Méthode des valeurs

Avec cette méthode, demandez-vous quelles sont les choses vraiment importantes dans votre vie. Vivez-vous déjà ces choses importantes ? Et si ce n'est pas le cas, que pouvez-vous faire pour ancrer l'état souhaité dans votre vie ? En fonction de vos réponses, vous pouvez en déduire vos objectifs.

Méthode des rêves

Cette méthode a fait ses preuves à maintes reprises. Dans ce cas, vous n'avez rien d'autre à faire que de rêver de la vie que vous souhaitez. Comment aimeriez-vous être ou qu'aimeriez-vous avoir ? Pendant que vous rêvez, vous devriez éliminer complètement les voix critiques, car vos rêves constituent dans ce cas la base de vos objectifs.

Méthode des questions

Avec cette méthode, vous demandez à des personnes qui vous sont proches et en qui vous avez confiance quels talents elles voient en vous. Demandez-leur également quel avenir ils envisagent pour vous. Si les déclarations vous plaisent, vous pouvez les formuler comme des objectifs pour vous-même.

Méthode de l‘âge

Faites un petit voyage dans le temps et imaginez-vous comme une personne âgée qui regarde en arrière sur sa vie.

Que voyez-vous exactement si votre vie se poursuivait comme avant ? Et comment votre vie devrait-elle se dérouler, ou que souhaiteriez-vous quand vous regardez votre vie en arrière ? Sur la base de ces connaissances, vous pouvez ensuite formuler vos objectifs.

Méthode de l'inventaire

Cette méthode est également très efficace pour clarifier ses propres objectifs. Considérez pour cela les différents domaines de votre vie. Votre famille, votre santé, vos finances, vos loisirs, etc. Où apparaissent exactement les déficits ? Et dans quel domaine avez-vous un déséquilibre ? Vous pouvez alors en déduire vos objectifs.

Ancrer – Mieux que de la magie !

L'ancrage est certainement l'une des méthodes les plus connues de la PNL. Il s'agit d'associer une certaine réaction à un stimulus extérieur. Les ancres peuvent être placées dans chaque modèle de représentation. Cela signifie que tout stimulus perçu par nos sens peut également être utilisé comme ancre - ainsi, toute émotion que vous avez vécue et qui est enregistrée en vous peut être rappelée à tout moment à l'aide d'une ancre.

Une ancre permet de déclencher une réaction spécifique par un mouvement, une action ou un mot particulier. L'ancrage est donc souvent utilisé pour surmonter les phobies.

Pourtant, nous avons déjà de nombreuses ancres en nous. L'odeur de la mer, par exemple, vous fait ressentir quelque chose de particulier. Mais la chanson que vous avez entendue lorsque vous avez embrassé votre partenaire pour la première fois déclenchera également quelque chose en vous.

Les ancres ont un fort impact sur nous. C'est pourquoi on trouve dans la publicité de nombreuses ancres qui sont utilisées pour déclencher des sentiments chez les acheteurs potentiels. Dans la communication, les ancres permettent de faire passer les personnes d'émotions indésirables à des états riches en ressources.

De nouvelles perspectives pour votre vision des situations grâce au recadrage

Le recadrage est un outil de négociation qui vous permet de réinterpréter le contexte des significations et des contenus. Cette technique vous permet de créer un rapport non verbal, mais aussi un rapport de contenu.

Le recadrage vous donne la possibilité de considérer une situation ou un comportement sous différents angles. De cette manière, vous devenez non seulement plus mobile, mais aussi plus libre dans vos pensées. En effet, nous sommes souvent bloqués dans nos pensées - c'est surtout le cas dans les situations stressantes ou problématiques.

Grâce au recadrage, ces situations sont mieux maîtrisées et vous avez davantage de possibilités de réagir. La PNL fait la distinction entre le recadrage contextuel et le recadrage de sens en fonction de la situation :

Recadrage contextuel

Ce type de recadrage consiste à replacer un comportement indésirable dans un contexte approprié et à trouver un nouveau comportement adapté au problème. Dans ce contexte, il est donc possible de développer un sentiment positif pour une caractéristique rejetée.

Recadrage de sens

Il est possible de trouver une signification appropriée à un comportement vécu comme problématique en changeant de point de vue.

Le state management comme booster particulier pour plus d'énergie et de puissance

Le state management décrit la capacité d'influencer nos états émotionnels. De cette manière, les émotions négatives comme la peur ou le stress peuvent être mieux surmontées. Mais nous pouvons aussi générer du positif comme l'amour et la confiance en soi. Pour ce faire, un état (state) est généré à partir de tous les processus neurophysiologiques de notre corps. Comme nous l'avons déjà mentionné, nos sens jouent un rôle décisif dans la perception de notre monde. Les stimuli extérieurs sont transmis à notre cerveau via le système nerveux. Le cerveau génère alors des images, des sensations ou encore des sons. C'est ainsi que le stimulus extérieur est représenté.

Dans le domaine de la gestion de l'état, la PNL met l'accent sur trois aspects importants :

- **L'état limitant**
- **L'état présent**
- **L'état ressource**

État limitant

Il s'agit d'une situation qui est ressentie comme bloquante, stressante et désagréable - les ressources propres sont vécues comme inaccessibles ou ne sont tout simplement plus perçues. La personne est donc littéralement coincée dans un problème. Ces problèmes sont généralement caractérisés par des ancres. Lorsque l'ancre correspondante est activée, l'état qui lui est associé se produit. L'état interne limitant s'accompagne souvent de symptômes physiques : les personnes concernées se sentent figées ou moins souples. Grâce aux techniques PNL, le « Stuck State » peut être transformé en quelque chose de positif.

État présent

L'état présent un état neuronal ou un état de non-implication émotionnelle qui est souvent utilisé pour interrompre une situation en cours.

État ressource

Dans cet état, toutes les capacités et ressources personnelles sont utilisées, car elles sont disponibles et accessibles. L'état ressource se caractérise par un sentiment de puissance et de joie.

L'objectif de la gestion de l'état est de placer l'utilisateur dans l'état des ressources afin que les compétences et les ressources personnelles puissent être utilisées efficacement.

Comment déterminer vos valeurs et capitaliser dessus ?

La sécurité, l'honneur, l'amour, la loyauté, la fiabilité, l'honnêteté et la responsabilité sont des valeurs qui, non seulement, déterminent notre comportement, mais qui sont également une source de motivation. Les valeurs sont souvent des facteurs de réussite sous-estimés. Vous ne pouvez pas changer votre comportement si vos valeurs sont en contradiction avec le comportement souhaité. Les valeurs doivent toujours soutenir votre attitude.

Nos valeurs sont responsables de la formation de nos règles de vie. Nous utilisons tous nos valeurs pour atteindre des objectifs ou des résultats. Nous ne pouvons nous sentir satisfaits et complets que si nos valeurs sont en accord avec notre comportement. En fait, nos valeurs déterminent toute notre vie, des personnes avec lesquelles nous sommes amis aux vêtements que nous portons, en passant par la manière dont nous élevons nos enfants. Mais comment déterminer vos valeurs ?

Pour déterminer ses propres valeurs, il faut avant tout du temps ! Vous devez faire une introspection et découvrir ce qui est vraiment important pour vous dans la vie. Votre système de valeurs vous distingue des autres personnes. Car ce sont vos valeurs et elles jouent un rôle central dans votre vie. Sans valeurs, vous n'aurez aucune orientation dans la vie. Vous ne saurez pas ce qui vous rend heureux, ni ce qui vous motive réellement. Sans valeurs, vous ne pouvez pas non plus formuler d'objectifs motivants pour vous-même.

Pour déterminer vos propres valeurs, lisez attentivement la liste qui suit. Marquez ensuite toutes les valeurs qui sont importantes pour vous et auxquelles vous associez un sentiment positif. Pour chaque valeur, vous devez sentir si elle est importante pour vous ou si vous pensez simplement que cette valeur pourrait être importante.

Il faut surtout considérer avec prudence les valeurs qui sont jugées positives par la société, comme la sécurité, la liberté, la justice, l'égalité, etc. Ces valeurs sont-elles vraiment importantes pour vous aussi ?

Une fois que vous avez sélectionné toutes les valeurs importantes pour vous, vous pouvez les classer par ordre d'importance :

1.

2.

3.

etc.

Relisez ensuite tranquillement votre liste de valeurs et découvrez ce que ces valeurs signifient réellement pour vous. Il se peut que la liste change encore une fois. Lorsque vous avez terminé votre liste de valeurs, placez-la à un endroit où vous pouvez la voir tous les jours. De cette manière, vous serez toujours conscient de vos valeurs personnelles. Vous pouvez ainsi orienter clairement votre vie et non seulement poursuivre vos objectifs, mais aussi prendre des décisions.

Liste des valeurs

Acceptation
Activité
Actualité
Affection
Agilité
Amabilité
Assiduité
Attention
Authenticité
Autodiscipline
Bonté
Capacité
Charité
Compassion
Confiance en soi
Conséquent
Conservateur
Considération
Contrôle
Convivialité
Cordialité
Courage
Courtoisie
Créativité
Crédibilité
Décence
Décision
Détermination
Dévouement
Différence
Dignité
Discipline
Douceur
Durabilité
Économie
Effectivité
Efficacité
Empathie Enthousiasme
Équilibre
Equité
Esprit d'équipe Esthétique
Fantaisie
Fiabilité
Fidélité
Flexibilité
Force de volonté
Gaieté Générosité
Gentillesse
Grâce
Gratitude
Harmonie
Honnêteté
Humour Idéalisme
Incorruptibilité
Indépendance
Innovation
Inspirant Intégrité
Intelligent Intérêt
Intuition
Joie
Justice
Légèreté Liberté

Loyauté

Modestie

Motivant

Neutralité

Offense

Optimisme

Optimiste

Ouvert d'esprit

Paix Pardonner

Partager

Passion

Patience

Persévérance

Pleine

conscience

Ponctualité

Pragmatique

Précision Prendre

soin Présence

Professionnalis

me

Propreté

Prudence

Réalisme

Reconnaissance

Respect

Responsabilité

Sagesse Santé

Sécurité

Sens de l'ordre

Sens du devoir

Sensible

Sérénité Sérieux

Silence

Soin

Solidarité Stabilité

Sympathie

Tolérance

Traditionnel

Transparence

Vigilance Vision à long terme

Voir Volonté d'aider

Aperçu des croyances et des niveaux logiques

Les croyances (ou convictions) constituent la pierre angulaire des règles de vie auxquelles nous nous référons. Nous pouvons développer des croyances sur nous-mêmes, sur les autres ou sur notre monde. Nos croyances sont des généralisations basées sur nos expériences ou sur les expériences et les opinions des autres. Toutes ces expériences sont généralisées et agissent comme des prophéties. Il s'agit d'affirmations générales, de présuppositions ou de jugements auxquels nous croyons nous-mêmes. Comme il s'agit de nos règles de vie, nous défendons nos croyances et ne les remettons pas en question.

Le contenu des croyances influence notre perception, notre comportement, notre pensée, nos capacités et nos sensations. Les croyances peuvent être façonnées par un événement émotionnel et se manifestent par des répétitions.

Selon l'auteur et formateur Robert Dilts, qui a contribué à façonner la PNL, les croyances sont des généralisations concernant :

a) **Causes/relations (du passé)**

b) **Significations (au présent)**

c) **Limites et possibilités (dans le futur)**

En ce qui concerne:

- le monde qui nous entoure,
- des comportements spécifiques,
- nos compétences,
- notre identité.

Outre leur effet positif, les croyances peuvent également nous limiter.

Parmi les croyances négatives les plus courantes, on trouve :

- « Je ne peux pas faire ça. »
- « D'autres sont meilleurs que moi. »
- « Je n'en vaut pas la peine. »
- « Je ne mérite pas ce succès. »
- « Je n'ai pas de reconnaissance. »
- « Je ne suis pas jolie. »

De telles croyances négatives ont un pouvoir énorme et peuvent donc influencer notre vie de manière durable. Chaque pensée dans notre tête déclenche une réaction en chaîne - et celle-ci peut être positive ou négative.

Alors que les croyances positives nous font avancer, les négatives nous freinent. Mais voici la bonne nouvelle : chaque croyance négative peut être transformée en une croyance positive ! Et c'est ainsi qu'une réaction en chaîne positive se met en place. Pour cela, vous devez identifier les croyances négatives et les remettre en question : ces croyances proviennent-elles vraiment de votre expérience et sont-elles encore d'actualité ? Réfutez les croyances obsolètes ou erronées pour ensuite les formuler correctement.

Le « je ne peux pas faire ça » devient **« je peux faire ça ! ».**

« Les autres sont meilleurs que moi » devient **« je suis aussi bon que les autres ! ».**

Le « Je n'en vaux pas la peine » devient **« Je le vaux bien ! ».**

Le « Je ne mérite pas le succès » devient **« Je mérite le succès ! ».**

Le « Je ne reçois pas de reconnaissance » devient **« Je reçois de la reconnaissance pour mes performances ! ».**

Le « Je ne suis pas jolie » devient **« Quelqu'un me trouve jolie ! ».**

Les niveaux logiques

Le modèle des niveaux logiques est également attribué à Robert Dilts. Il décrit les niveaux de changement. Dilts a utilisé les résultats des recherches de Gregory Bateson, un anthropologue, biologiste, chercheur en sciences sociales, cybernéticien et philosophe anglo-américain. Bateson était d'avis qu'il existait une hiérarchie naturelle dans les processus d'apprentissage, de communication et de changement. Les niveaux logiques permettent de déterminer où se situe un problème ou un objectif. En conséquence, le travail de changement peut se faire au même niveau ou au niveau supérieur. Les niveaux logiques sont utilisés dans de nombreux formats PNL, par exemple dans les processus de modélisation.

Aperçu des niveaux logiques

1. Niveau : contexte (où ? quand ? qui ?)

À ce niveau, il s'agit du lieu, du temps, des personnes impliquées et de toutes les conditions extérieures ainsi que de l'environnement perceptible et descriptible par le sens.

2. Niveau : comportement (quoi ?)

Le deuxième niveau décrit toutes les actions perceptibles de l'extérieur.

3. Niveau : compétences / stratégie (comment ?)

À ce niveau, la stratégie de pensée, les capacités et les aptitudes physiques jouent un rôle. Elles ne peuvent être exprimées que par le comportement et ne sont donc pas perceptibles de l'extérieur.

4. Niveau : valeurs / croyances (pour quoi ? qu'est-ce qui est important ? pourquoi ? à quoi fais-tu attention ?)

Nos actions sont déterminées par ces croyances. Nous pouvons ainsi agir de certaines manières et pas d'autres. Les valeurs et les croyances sont le reflet de ce qui est important pour nous. C'est à ce niveau que se trouvent les critères de décision et les motivations ainsi que les convictions qui nous poussent à agir.

5. Niveau : identité (qui ? comme qui ?)

Ce niveau se concentre sur l'image de soi. À ce niveau, vous pouvez répondre plusieurs fois et différemment à la question de savoir qui vous êtes. Cela dépend entre autres du rôle que vous jouez actuellement ou des valeurs que vous avez en tête. Grâce à notre identité, nous avons le sentiment de pouvoir être nous-mêmes, mais nos convictions et nos valeurs fondamentales se retrouvent dans notre identité.

6. Niveau : appartenance, spiritualité, vision, mission (Qui encore ? Pourquoi encore ? Pour quoi encore ? Quel est mon rôle ?)

Le sixième niveau est un niveau supra-individuel. Il détermine l'appartenance à quelque chose de plus grand. On peut aussi dire qu'il s'agit de la compréhension du sens et de la vision. Avec ce niveau, nous donnons une base à notre existence, mais en même temps, ce niveau influence durablement les autres.

Tous les niveaux sont reliés entre eux et s'influencent mutuellement.

Les niveaux supérieurs sont toutefois détachés du contexte et sans contenu. Les deux niveaux logiques inférieurs reflètent le contexte.

Selon ce modèle, l'être humain se déplace au premier niveau avec son comportement issu du deuxième niveau. Les capacités du troisième niveau se trouvent derrière le comportement. Mais ces capacités sont nécessaires pour pouvoir se comporter.

Les compétences nécessitent toutefois une motivation qui permet de développer un comportement. Les valeurs et les croyances du quatrième niveau constituent cette motivation. Nous utilisons ces critères pour décider de ce qui est juste et vrai. Nous pouvons ainsi définir notre identité au cinquième niveau (ce sixième niveau a été ajouté par Dilts dans les années 1990).

Modèles d'équipe vs. Modèles de couple

Dans la programmation neuro-linguistique, on trouve aussi bien des modèles d'équipe que de couple, qui peuvent être utilisés à différentes fins.

Les modèles d'équipe ont pour objectif principal de renforcer la dynamique de groupe. L'équipe est ainsi orientée vers un objectif commun. Les modèles d'équipe permettent également de renforcer la cohésion, car le travail d'équipe est la principale clé du succès. Un meilleur travail d'équipe présente de nombreux avantages pour les entreprises. Elle permet par exemple d'éviter les doubles emplois inutiles. Parallèlement, il est possible d'augmenter l'efficacité et d'optimiser les processus.

De plus, la cohésion de l'équipe permet également de mieux gérer les périodes de crise, car la résistance au stress est optimisée.

C'est surtout ce facteur qui est un grand atout pour chaque membre de l'équipe en termes de santé : un travail d'équipe optimisé peut augmenter la flexibilité et les processus de réaction.

Une bonne équipe se définit par les facteurs suivants :

- Direction
- Volonté de performance
- Structure de travail
- Climat
- Créativité
- Communication
- Développement
- Relations de confiance

Ces facteurs et bien d'autres sont abordés dans les modèles d'équipe.

En revanche, les modèles de couple en PNL servent de préférence à améliorer les relations interpersonnelles : dans ces modèles, les participants se voient offrir une possibilité de croissance. Les couples ont ainsi la possibilité d'avoir des discussions ouvertes et de percevoir l'autre correctement. La relation entre deux personnes est considérée comme une source sociale qui peut également être utilisée pour faire le plein d'énergie. Dans les relations de couple, la programmation neuro-linguistique peut s'avérer utile en tant que rituel, structure de communication ou procédure.

Ainsi, alors que les modèles d'équipe sont surtout utilisés pour optimiser le travail d'équipe, les modèles de couple sont de préférence utilisés pour améliorer les partenariats et les mariages. Ainsi, les différents modèles de couple sont utilisés par de nombreux thérapeutes de couple. Les formats de communication et de coopération sont entraînés aussi bien dans les modèles d'équipe que dans les modèles de couple.

Les formats de programmation neuro-linguistique présentés ici vous permettent de constater la polyvalence de cette boîte à outils. Les méthodes et techniques vous permettent d'obtenir des changements facilement et simplement. L'objectif est toujours de trouver et d'appliquer exactement ce qui vous permet d'obtenir rapidement et efficacement un changement stable. Dans ce contexte, la PNL ne soutient pas seulement l'amélioration de la communication - elle optimise également l'attitude constructiviste et humaine. Grâce à cette boîte à outils précieuse et aux multiples facettes, nous sommes en mesure de résoudre des problèmes, d'activer des ressources et d'atteindre nos objectifs.

Nous avons même la possibilité de développer notre personnalité et de découvrir nos potentiels cachés pour les développer ensuite de manière profitable. Mais surtout, nous apprenons à mieux nous connaître grâce à la PNL. Ce processus nous permet de rendre notre vie plus heureuse et plus réussie, d'améliorer nos relations de couple et d'établir une communication valorisante au sein des équipes.

Les techniques les plus efficaces de la PNL pour votre réussite

Les nombreuses techniques PNL sont utilisées à différentes fins. L'une d'entre elles met l'accent sur la perception, qui est la condition préalable à une communication réussie. Si nous voyons nous-mêmes ce que nos mots et notre langage corporel déclenchent chez notre interlocuteur, nous pouvons réagir et agir en conséquence.

D'autres techniques permettent d'adapter ses propres sentiments aux exigences de la situation. Cela permet non seulement d'améliorer son propre bien-être, mais aussi de communiquer de manière appropriée avec ses interlocuteurs.

D'autres techniques PNL visent à contrôler et à orienter le comportement humain. Ainsi, des stratégies peuvent être adoptées par des experts et optimiser ainsi les processus de créativité, de flexibilité, de motivation et de décision. De plus, ces techniques permettent de reproduire des performances de haut niveau.

D'autres techniques ont pour objectif de percevoir et de construire la réalité d'une autre manière : l'importance de différents faits peut être évaluée de manière flexible selon les besoins, afin d'offrir davantage de possibilités de choix. Le point de vue personnel sur les choses est modifié en observant la situation de l'extérieur. De cette manière, il est possible de trouver de nouvelles possibilités pour faire face à la situation.

Nous souhaitons vous présenter ci-dessous les techniques les plus puissantes de la programmation neuro-linguistique.

Comment maîtriser l'art de la visualisation

La visualisation est sans doute l'une des armes les plus puissantes dont dispose l'être humain. Celui qui maîtrise cet art peut se représenter les choses exactement comme elles devraient l'être. Grâce à une visualisation habile, le subconscient est amené à faire en sorte que les images mentales deviennent réalité. Car notre subconscient a pour objectif de faire de chaque pensée une réalité. Mais pour que cela fonctionne, notre subconscient a besoin d'images aussi vivantes que possible pour pouvoir réagir. Notre subconscient n'est toutefois pas capable de faire la différence entre la réalité et l'imagination. Nous pouvons en tirer parti !

Si vous commencez à imaginer des images vivantes (en utilisant également un ou plusieurs canaux sensoriels) en état de relaxation profonde, le subconscient fera tout pour que ces images deviennent réalité. Il est important de se mettre dans cet état le plus souvent possible - notre subconscient a parfois besoin d'un peu plus de temps, et la répétition est donc indispensable pour obtenir des résultats. Avec le temps, les images mentales seront considérées par le subconscient comme une réalité et vos actions changeront en conséquence.

Derrière la visualisation se cache le principe de la « prophétie autoréalisatrice ». Souvent, nous utilisons inconsciemment ce principe de visualisation à notre détriment. Nous craignons que quelque chose puisse mal tourner, ce qui augmente la probabilité que la catastrophe que nous redoutons se produise réellement.

À cela s'ajoute le fait que certaines personnes ont plus de facilité à visualiser que d'autres. Ces personnes peuvent facilement se représenter mentalement des événements et des choses concrètes ou abstraites. D'autres, en revanche, ont beaucoup de mal à le faire. Mais il y a une bonne nouvelle : la visualisation peut être apprise. L'exercice suivant peut vous aider à améliorer votre propre visualisation.

Prenez votre temps et veillez à vous reposer suffisamment. Rien ne doit vous distraire. Asseyez-vous face à une bougie allumée, posée par exemple sur une table, à une distance d'un mètre. Regardez maintenant cette bougie pendant quelques minutes et essayez de percevoir chaque détail. Fermez ensuite les yeux et visualisez la bougie dans votre esprit. L'image doit être aussi vivante que possible. Ouvrez à nouveau les yeux et comparez la réalité à votre imagination. Vous devriez répéter cet exercice plusieurs fois. À chaque répétition, votre imagination devient plus vivante et plus forte.

Lorsque vous voyez l'image de la bougie s'animer dans votre esprit, vous passez à des objets plus complexes. En pratiquant cet exercice, vous pouvez améliorer votre visualisation. En même temps, vous favorisez ainsi votre perception.

Les 5 meilleures stratégies PNL dans la pratique

Après la visualisation, jetons un coup d'œil aux stratégies les plus efficaces de la programmation neuro-linguistique. Ces stratégies ont déjà aidé de nombreuses personnes à réussir.

Le recadrage en 6 points

Il s'agit de l'un des modèles PNL les plus célèbres, qui permet d'atteindre l'objectif souhaité en six étapes. De plus, cette méthode vous offre la possibilité de mettre en lumière les habitudes comportementales et de les modifier si nécessaire. Le point essentiel de cette technique est que l'intention est séparée du comportement. Le recadrage en six étapes est souvent utilisé pour traiter les symptômes psychosomatiques.

Étape 1 : La première étape consiste à identifier le schéma à modifier. Vous aimeriez arrêter de faire XY, mais vous ne le pouvez pas. Ou : « Je voudrais faire XY, mais quelque chose me retient ».

Étape 2 : La deuxième étape concerne l'établissement de la communication avec la partie responsable en vous. Il s'agit donc d'établir une communication avec la partie responsable du comportement indésirable. Lors de cette communication, il convient de prêter une attention particulière aux sentiments, images, odeurs et sons qui apparaissent dans ce contexte.

Étape 3 : La séparation de ce comportement et de l'intention positive constitue la troisième étape. Le comportement ou le schéma XY est séparé de l'intention positive de la partie responsable du schéma ou du comportement. Nous devons considérer le comportement indésirable comme un moyen d'atteindre une fonction positive. La question pour la partie responsable de XY doit être la suivante : « Serais-tu prêt à me faire savoir en conscience ce que tu veux obtenir pour moi avec le comportement ou le schéma XY ? » Si la réponse est « oui », demandez à la partie de vous faire part de son intention. Si la réponse est « non », le recadrage se poursuit avec l'acceptation d'une intention positive.

Étape 4 : La quatrième étape consiste à développer un nouveau comportement à l'aide de la partie créative. Pour cela, vous devez trouver un accès à votre partie créative et générer de nouveaux comportements. Ce n'est que de cette manière qu'une fonction positive peut être exercée. Faites appel à des expériences de créativité et ancrez-les. Vous devez demander à la partie créative d'adopter un autre comportement pour remplacer le symptôme indésirable. Vous donnez à la partie responsable du comportement ou de l'attitude trois possibilités pour choisir la meilleure.

Étape 5 : Prendre ses responsabilités détermine la cinquième étape. Pour la proposition choisie, demandez un « oui » en guise de réponse. Pour cela, demandez : « Êtes-vous vraiment prêt à assumer la responsabilité de la nouvelle alternative dans le contexte correspondant ? ».

Étape 6 : La vérification écologique clôt les étapes. Une alternative a été choisie. Lors de la dernière étape, il faut toutefois encore s'assurer qu'elle ne rencontre pas de résistance. Vous devez également vérifier si cette alternative a été choisie en accord avec votre environnement. Pour ce faire, demandez : « Est-ce que l'une de mes parties s'oppose aux trois nouvelles alternatives ? ».

Rapport

Le rapport consiste en premier lieu à s'adresser aux personnes à leur niveau personnel et donc à utiliser leur langage pour une communication optimale. De cette manière, il est possible de convaincre des interlocuteurs de pensées qu'ils ne comprendraient pas autrement.

Grâce au rapport, vous êtes en mesure d'entrer dans le monde d'une autre personne. De cette manière, vous pouvez obtenir le soutien et la coopération de votre interlocuteur, par exemple pour atteindre un objectif commun. La présence d'un rapport fait disparaître la résistance.

Le rapport permet d'établir un contact profond avec le subconscient de votre interlocuteur. Vous parvenez ainsi à être sur la même longueur d'onde.

Si vous regardez un peu plus attentivement autour de vous, vous constaterez que vous avez un contact profond avec les personnes que vous aimez. Elles adaptent leur comportement expressif l'une à l'autre. Ce principe peut également être inversé. Le rapport permet d'adapter le comportement d'expression.

Dans le rapport, on distingue différents niveaux :

La synchronisation

À ce niveau, la posture, la respiration, les mimiques, les mouvements, les gestes, etc. sont adaptés physiquement à tout ce que vous voyez.

Le pacing

Dans ce cas, l'adaptation se fait de manière visuelle et auditive. Par exemple, le rythme de la parole ou le ton de la voix de l'interlocuteur peuvent être repris.

Le matching

Ce niveau élargi désigne le fait de s'adapter au style de langage et aux modèles de l'autre personne.

Le leading

Le leading est le niveau le plus élevé et présuppose que vous vous êtes aligné sur votre interlocuteur pendant un certain temps et que le rapport est déjà établi. Vous pouvez ensuite commencer à guider votre interlocuteur afin de changer la direction de la communication. Le leading permet de guider une personne vers un objectif ou un résultat précis sur la base du rapport.

Comme de nombreuses autres méthodes de la PNL, le rapport peut également être pratiqué. Pour cela, vous avez toutefois besoin d'une autre personne. Elle devrait consacrer au moins 10 à 15 minutes à cet exercice.

Pour l'exercice, la personne A commence à faire des mouvements avec tout son corps, et la personne B s'aligne. Après avoir fait cela pendant un certain temps, la personne B commence à guider lentement et la personne

A s'aligne. Vers la fin, il devrait y avoir une douce alternance de pacing et de leading.

Swish

Cette méthode permet de se débarrasser d'habitudes gênantes et de développer une motivation plus positive. Pour cela, il est important que vous ayez déjà travaillé sur votre visualisation afin de l'optimiser. Pour cela, utilisez l'exercice mentionné dans le chapitre « Comment maîtriser l'art de la visualisation ».

La méthode Swish nécessite quatre étapes :

Étape 1 : Visualiser ce qui est désagréable

Pensez par exemple à l'habitude que vous voulez changer. Vous devez cependant visualiser ce désagrément dans les moindres détails. Essayez de ressentir, d'entendre, de sentir ou de goûter chaque sensation qui émane de cette habitude négative. Plus vous utilisez tous vos sens, plus l'image sera intense.

Étape 2 : Pensez à quelque chose d'agréable

Vous pouvez par exemple penser à un bon souvenir ou visualiser une situation agréable. L'important est que vous soyez personnellement concerné et que vous ressentiez un réel sentiment de bonheur. Ce qui est agréable doit être visualisé avec autant d'intensité que ce qui ne l'est pas.

Étape 3 : Réaliser le « swish ».

Vous commencez par voir l'image déclenchante (par exemple l'habitude à changer) en grand et en clair. L'image de l'idée cible est placée petite et sombre dans le coin inférieur droit de l'image déclenchante. La petite image sombre s'agrandit et commence à recouvrir la première image, qui s'estompe et disparaît en même temps. Pour vous aider, vous pouvez prononcer « Swish ! » à haute voix pendant le processus.

Étape 4 : Répéter

Le processus de swishing doit être répété jusqu'à ce qu'un souvenir agréable apparaisse dans votre esprit à la place de l'idée désagréable. Ce sentiment positif se répandra alors dans tout votre corps.

Méthode Disney

Cette technique, qui remonte à Walt Disney, permet d'accroître sa propre créativité. Dans ce cas, une situation donnée est considérée sous différents angles. D'abord du point de vue du rêveur, ensuite du point de vue du réaliste et enfin du point de vue du critique. Les différents points de vue sur la situation permettent de tirer davantage de conclusions en changeant de rôle.

Les rôles dans la méthode Disney

Le rêveur

Il part du principe que tout est possible. En conséquence, le rêveur ne voit pas de risques ou de dangers. Il part plutôt d'un monde idéal. Dans ce rôle, l'imagination est sans limite.

Le réaliste

Dans cette optique, la situation est considérée du point de vue pratique. Comment cela peut-il être mis en œuvre et que faut-il faire pour cela, telles sont les questions élémentaires dans ce rôle. Le réaliste n'est pas excessivement positif ou critique. Il a plutôt un point de vue neutre.

Le critique

Comme son nom l'indique, ce rôle exerce une critique.

Avec l'exercice suivant, vous pouvez utiliser la méthode Disney pour vous-même. Pour cela, vous n'avez besoin que de vos pensées. En fonction du problème ou de la situation, vous vous mettez successivement dans les trois rôles. Il est toutefois important de toujours tenir compte du temps et de ne pas rester trop longtemps dans une certaine façon de penser. Il est préférable d'utiliser une minuterie ou un chronomètre pour rester dans chaque rôle pendant la même durée.

Le méthode praliné

Il s'agit d'une stratégie de motivation courte mais prometteuse de la programmation neuro-linguistique. Grâce à cette technique, vous pouvez renforcer votre motivation pour certaines tâches. Cette technique est particulièrement utile pour les tâches qui ne semblent pas particulièrement attrayantes pour vous.

L'objectif est d'associer la tâche à une image positive afin d'augmenter de cette manière l'envie d'atteindre l'objectif.

Pour pouvoir utiliser le modèle du praliné, vous devez tout d'abord associer une image qui vous motive fortement. Vous devez donc ressentir l'envie de tout quitter pour cette image.

La deuxième étape consiste à vous séparer de la tâche peu attrayante. Vous devez vous voir en train de l'accomplir.

Poursuivez avec l'éco-contrôle : demandez-vous s'il y a une partie de vous qui résiste à la tâche. Si la réponse est « oui », demandez-vous si vous pouvez modifier la tâche de manière à faire disparaître cette résistance.

Maintenant, prenez l'image de la tâche non attrayante et placez l'image motivante par-dessus. Ouvrez un petit trou au centre de l'image motivante. Ce trou doit s'ouvrir jusqu'à ce que vous ressentiez une émotion positive lorsque vous voyez une partie de l'image de la tâche peu attrayante. Ensuite, laissez le trou se rétrécir rapidement. Répétez cette opération jusqu'à ce que l'émotion négative disparaisse. Vous devriez répéter cette technique plusieurs fois.

Pour finir, testez-vous. Quelles sont les émotions que vous ressentez en regardant la tâche ? Si vous n'êtes pas encore dans l'état souhaité, répétez la technique plusieurs fois.

À la fin, la tâche doit être en accord avec le sentiment positif. Vous fusionnez littéralement avec la tâche et vous avez une motivation dynamique.

L'objectif – un élément fondamental sur la voie du succès

La réussite, quelle qu'elle soit, nécessite des objectifs. Ils sont indispensables pour que nous puissions nous considérer comme performants. C'est pourquoi il est primordial de se fixer des objectifs dans la vie. Nous avons déjà expliqué dans ce livre comment trouver vos objectifs. Voyons maintenant quels sont les obstacles à la définition d'objectifs.

Erreurs fréquentes qui entravent l'objectif effectif

Nous prenons en charge les objectifs des autres !

Souvent, nous adoptons inconsciemment les objectifs des autres. Or, ces objectifs ne correspondent pas à nos besoins les plus profonds. Par conséquent, nous ne poursuivrons pas ces objectifs de manière durable et ne pourrons pas les atteindre.

Manque de confiance en soi

Vous faites peut-être partie des personnes qui n'osent pas se fixer des objectifs importants et motivants. Vous pensez peut-être que vous ne pouvez pas être déçu de cette manière. Après tout, les grands objectifs comportent aussi des risques. Mais comment pouvez-vous être sûr que ces dangers se produiront si vous n'essayez pas ? Il se peut que vos inquiétudes et vos craintes soient totalement infondées !

Mais votre peur, combinée à votre manque de confiance en vous, vous empêche de vous fixer de grands objectifs. Or, si vous ne vous fixez pas d'objectifs, vous ne pouvez pas réussir, et l'absence de succès fait que les sentiments de bonheur comme la fierté et la satisfaction ne se manifestent pas.

Pas de repos

Souvent, nous sommes tellement emportés par le quotidien que nous n'avons même pas le temps de nous fixer des objectifs. Or, la recherche optimale d'objectifs requiert suffisamment de sérénité et de calme. C'est la seule façon d'accéder à soi-même et de trouver les objectifs qui nous conviennent.

Mais ce n'est pas seulement en fixant des objectifs que l'on peut rencontrer des obstacles, c'est aussi en les atteignant.

La motivation fait défaut

Un manque de motivation est toujours la garantie que les objectifs ne sont poursuivis qu'à moitié ou pas du tout. La base de la motivation est la réponse à la question : « Pourquoi cet objectif est-il si important pour moi et pourquoi est-ce que je veux l'atteindre ? »

Si vous êtes confronté à un manque de motivation, cela peut être dû à l'une des causes suivantes :

- La cible est trop grande.
- L'objectif n'est pas assez motivant
- Il ne s'agit pas d'un objectif autodéterminé ou voulu.
- La cible est trop loin.
- L'objectif manque d'objectifs intermédiaires motivants et réalisables.

Un manque de planification

Vous devriez donc toujours vous fixer un objectif vous-même et en fonction de la motivation d'action correspondante. Mais même dans ce cas, rien ne va sans une planification de base. Vous avez donc besoin d'un plan élaboré de manière rationnelle et sobre.

Les échecs ne sont pas correctement gérés

Même l'objectif le plus motivant et le mieux planifié peut parfois ne pas être atteint du premier coup ! Dans ce cas, il n'est pas question de baisser les bras. Vous devez vous reprendre et vous concentrer à nouveau sur l'objectif. Un nouveau plan peut s'avérer nécessaire. Mais dans tous les cas, vous devez vous accrocher. Car c'est précisément ce point qui fait la différence entre les personnes qui réussissent et les autres.

Le chemin le plus court vers le succès passe donc par vos objectifs. Ne vous laissez pas déstabiliser par d'éventuels obstacles lors de la définition et la réalisation de vos objectifs. Gardez toujours à l'esprit que de nombreuses personnes n'ont pas réussi du premier coup. Elles aussi ont eu besoin de deux ou trois tentatives.

3 stratégies pour vous propulser au sommet

La magie du succès repose sur l'application de la meilleure stratégie. Nous pouvons facilement apprendre les stratégies nécessaires, les automatiser et atteindre ainsi nos objectifs.

Nous disposons déjà tous d'une série de stratégies qui nous motivent, par exemple, pour prendre des décisions. Les stratégies nous aident à organiser nos pensées et notre comportement afin d'accomplir une tâche. Mais saviez-vous que l'ensemble de votre comportement est contrôlé par des stratégies de processus internes ?

Considérons les stratégies comme une sorte de recette du succès.

Chaque fois que vous utilisez cette recette, le résultat est le même. La recette se compose de systèmes de représentation, de la succession des différentes étapes et des sous-modalités. Si vous avez une stratégie et que vous faites fonctionner les mêmes systèmes de représentation avec les sous-modalités correspondantes, vous obtiendrez toujours le même comportement.

Vous pouvez utiliser vos propres stratégies efficaces ainsi que les stratégies des autres pour obtenir un comportement efficace. Pensez à la modélisation.

Vous pouvez également identifier les stratégies moins efficaces et les modifier jusqu'à ce que vous obteniez le résultat souhaité. Le monde des stratégies est donc très diversifié. Et c'est précisément ce que vous devriez exploiter !

Stratégie décisionnelle : T.O.T.E

Le point de départ de cette stratégie est un état réel spécifique, l'objectif étant un état souhaité spécifique. Pour ce faire, l'état actuel est comparé à l'état souhaité. Si cette comparaison montre que l'objectif n'a pas encore été atteint, les informations sont utilisées comme feed-back afin d'initier les étapes correspondantes du changement.

Le résultat est ensuite à nouveau comparé à l'état souhaité - si les deux coïncident, le processus est terminé. Mais s'il y a encore une différence, d'autres étapes doivent être entreprises. Ensuite, une nouvelle comparaison est effectuée.

Stratégie de la réalité : les modèles *Sleight of Mouth*

Ces modèles de langage doivent permettre de relâcher l'influence des croyances. Au total, 14 modèles de langage sont disponibles. Cette stratégie travaille toutefois avec des questions subtiles et intégrées, car les croyances sont très statiques face à la contradiction. Pour utiliser les modèles de langage, il est donc nécessaire d'avoir un rapport stable. Dans le cas contraire, les modèles de langage seraient bloqués.

Dans ce chapitre, vous n'avez trouvé que quelques-unes des stratégies les plus efficaces. La boîte à outils de la PNL en offre bien sûr beaucoup d'autres, qui peuvent être utilisées à des fins très diverses. Vous pouvez également considérer la programmation neuro-linguistique comme une sorte de mode d'emploi.

Vous apprendrez à avoir une attitude valorisante envers vous-même et les autres. Vous pourrez ainsi organiser et vivre votre vie conformément à vos valeurs. Avec l'aide de la technique ou de la méthode appropriée, vous pouvez ainsi vous débarrasser de comportements indésirables, améliorer votre communication verbale et non verbale et ainsi créer une compréhension et être compris. Les possibilités sont quasiment illimitées.

Découvrez les possibilités illimitées de la PNL !

Vous avez appris dans ce livre que de nombreuses personnes qui ont réussi utilisent la programmation neuro-linguistique pour surmonter des restrictions dans leur vie ou pour adopter de nouveaux comportements. Les différentes techniques et méthodes permettent de se débarrasser des habitudes négatives, des peurs ou des croyances limitantes et de les remplacer par de nouvelles, ce qui permet d'atteindre un mode de vie plus heureux. De plus, la PNL vous offre différentes possibilités de communiquer plus efficacement avec vos interlocuteurs.

Grâce à des méthodes ciblées, vous avez la possibilité de découvrir votre propre potentiel et de l'utiliser en conséquence. Mais avant d'en venir à la manière dont vous pouvez intégrer la PNL dans votre quotidien, découvrons brièvement l'influence que la programmation neuro-linguistique a déjà sur votre vie - sans que vous le sachiez.

Quelle influence la PNL aura (ou a déjà !) sur votre vie

Pour donner d'emblée l'information la plus importante : la PNL n'a en principe qu'une influence positive sur l'utilisateur. Ce n'est pas pour rien que tant de personnes dans le monde entier utilisent la boîte à outils PNL pour eux-mêmes et en sont ravis.

Découvrez maintenant comment et où la PNL peut changer votre vie, et peut-être le fait-elle déjà.

Les avantages uniques de la PNL dans votre vie

Outre les nombreuses options qu'elle offre, la PNL rend surtout heureux !

Les différentes méthodes et techniques vous aident à modifier vos propres émotions et états intérieurs. Vous pouvez ainsi maîtriser et surmonter les situations les plus difficiles tout en restant fidèle à votre personnalité.

De plus, le **sens des responsabilités** est renforcé. Beaucoup de gens ont peur d'assumer la responsabilité de leur vie et de leurs actes. La PNL vous incite à réfléchir à la manière dont vous pouvez optimiser la vie en commun avec vos semblables. Vous aurez la possibilité de voir si vous représentez le changement dont vous avez besoin pour votre monde.

Le **potentiel cognitif** peut être pleinement exploité grâce aux méthodes et techniques de la PNL. La PNL rend donc aussi intelligent ! Vous apprenez à assimiler, à traiter et à transmettre correctement les informations, et ce de manière compréhensible. Une autre possibilité de se dépasser.

Même votre **compréhension** changera de manière positive. La PNL souligne toujours le caractère unique des personnes. Vous vous rendrez compte que chaque personne dans ce monde a une perception différente et que, par conséquent, elle ressent et agit différemment. Grâce à la PNL, vous apprenez que vous ne pouvez changer que vous-même, et non les autres. Ce n'est qu'ainsi que vous pourrez vraiment faire la différence.

Outre le fait que la PNL peut avoir une influence positive sur votre propre réussite, son utilisation vous rendra également plus fort. Dans des situations où d'autres sont désespérés, vous resterez toujours ferme et résisterez aux vents contraires.

Mais le point le plus important est qu'en appliquant la programmation neuro-linguistique, vous retrouverez votre joie de vivre. Vous découvririez ce que vous pouvez faire pour vous-même et pour les autres. Cela renforce avant tout votre estime de soi et votre confiance en vous. Quelle que soit la difficulté des personnes ou des situations, vous vous en sortirez, car vous avez l'outil adéquat en main.

Tous ces avantages et bien d'autres encore vous attendent. Vous n'avez donc aucune raison de vous priver de ces méthodes et techniques uniques et innovantes !

Comment pouvez-vous utiliser la PNL de manière utile dans votre quotidien ?

Il existe une multitude de méthodes et de techniques puissantes en PNL. Ci-dessous, nous vous présentons cinq exercices que vous pouvez parfaitement intégrer dans votre quotidien et utiliser en conséquence.

Changer le point de vue

Nous pouvons considérer nos expériences sous différents angles. Les personnes qui communiquent bien et qui sont donc capables de résoudre des conflits passent d'une position à l'autre : dans la première position, le monde est perçu à partir de sa propre perspective. La réalité personnelle, les sentiments et les images jouent un rôle décisif. Dans cette position, aucun autre point de vue n'est considéré.

Dans la deuxième position, le monde est perçu par tous les sens (voir, entendre, sentir, etc.) du point de vue d'une autre personne.

La troisième position décrit la perception du monde d'un point de vue extérieur - comme si vous étiez un observateur indépendant, sans aucune implication dans la situation.

Comme nous l'avons déjà mentionné, certaines personnes sont capables de se mettre dans ces trois positions. Grâce à la PNL, vous serez vous aussi en mesure d'adopter ces différents points de vue. Voici un exercice à ce sujet :

Tout d'abord, prenez une expérience dans laquelle vous avez eu un conflit avec une autre personne. Revivez maintenant cette situation dans la première position, c'est-à-dire la vôtre.

Ensuite, vous prenez la position de l'autre personne (2ème position) et percevez ce que vous entendez, voyez et ressentez depuis cette position. La perception subjective nécessaire à cette étape est soutenue par vos neurones miroirs. Ce système de résonance est par exemple aussi responsable du fait que nous bâillons alors que nous ne sommes pas du tout fatigués, parce que quelqu'un dans notre entourage baille. Comme vous êtes maintenant dans la deuxième position, vous percevez maintenant aussi les sentiments de votre interlocuteur.

Ensuite, imaginez que vous êtes assis dans un cinéma et que vous voyez le conflit sur l'écran. Vous n'êtes pas du tout impliqué et n'avez rien à voir avec le conflit. Que pouvez-vous percevoir depuis la troisième position ?

Vous pouvez répéter cet exercice avec les situations les plus diverses - aussi souvent que vous le souhaitez. Avec le temps, vous constaterez que vous adopterez également les différentes positions lors des entretiens. Vous pourrez ainsi mener des discussions et les orienter dans la bonne direction.

Exercice d'ancrage

Vous avez déjà lu beaucoup de choses sur l'ancrage dans ce livre, et vous savez donc que le champ d'application de cette méthode est très vaste. L'objectif de l'ancrage est avant tout de vous permettre d'accéder à vos propres ressources. Cela vous permettra d'être performant au travail ou de réussir vos examens.

Cet exercice vous donne un aperçu de l'ancrage :

Commencez par vous souvenir d'une situation dans laquelle vous étiez parfaitement détendu et performant. Une situation où vous vous êtes senti vraiment bien. Faites l'expérience de cet état avec tous vos sens. Que pouvez-vous voir ? Quels sons percevez-vous ? Que ressentez-vous et que vous dites-vous ? Répétez cette représentation jusqu'à ce que vous ayez atteint un niveau élevé de reviviscence. Posez maintenant votre ancre en touchant votre corps. En répétant cet exercice, l'ancre reste en place et vous pouvez vous mettre à nouveau dans cet état avec le même geste.

Le recadrage au quotidien

Vous savez que tout comportement peut être placé dans un contexte positif. La PNL part du principe que chaque comportement a une intention positive, mais nous l'oublions malheureusement trop vite dans la vie quotidienne.

Voici un petit exemple : une mère vient de nettoyer le tapis. L'enfant arrive avec des chaussures sales et laisse des traces de pas sur le tapis. La mère gronde l'enfant à voix haute, car le tapis est à nouveau sale. Que serait cette mère à vos yeux ? Une mauvaise mère qui crie sur son enfant ? Ou peut-être que le tapis est plus important pour elle que son propre enfant ? Mais la mère est-elle peut-être aussi très aimante et doit-elle parler plus fort parce que son enfant est malentendant ?

Très souvent, nous utilisons au quotidien des mots qui ont une connotation désagréable. Le recadrage permet de changer cela. Par exemple, l'erreur devient une chance d'entreprendre quelque chose de nouveau.

Comme exercice, essayez dans un premier temps de réinterpréter les mots suivants. N'oubliez pas cependant qu'il y a toujours une intention positive.

Maladie =

Malheur =

Coût =

Entretien critique =

L'étape suivante consiste à réfléchir aux mots que vous utilisez au quotidien et qui peuvent avoir une connotation négative, et à les réinterpréter. Essayez de reformuler au moins deux mots par jour.

Reconnaître la congruence ... et l'appliquer avec succès !

Dans de nombreux domaines de la programmation neuro-linguistique, la concordance est supposée. Elle joue en outre un rôle décisif pour une communication authentique. La congruence se réfère à l'intonation, au langage corporel et aux mots prononcés. Pour une communication optimale, cette congruence peut être reconnue et imitée.

Voici un autre petit exemple : vous discutez avec un(e) ami(e). Il/elle vous dit qu'il/elle est malade. Mais votre ami(e) rit en entendant cette déclaration. Dans ce cas, vous pouvez supposer qu'on vient de vous mentir.

Dans une bonne communication, nous faisons attention aux mots et au ton. Vous pouvez également améliorer votre sens de la concordance avec l'exercice suivant : essayez d'abord de trouver des correspondances chez d'autres personnes, puis de les chercher chez vous. Après avoir pratiqué cet exercice pendant un certain temps, vous pouvez commencer à imiter certains comportements et mouvements corporels ainsi que le ton de la voix afin d'optimiser la communication.

Très important : vous devez vous connaître vous-même pour ne pas vous déformer au cours d'une conversation ultérieure ! Cet exercice vous permettra non seulement de connaître votre propre langage corporel, mais aussi de savoir dans quelle mesure vous pouvez vous adapter naturellement à une autre personne.

Ligne du temps pour un objectif fixé

La ligne du temps permet d'atteindre plus facilement un objectif fixé. La ligne du temps se compose du passé, du présent et du futur. Pour l'exercice suivant, vous avez besoin d'ancrages au sol. Cela signifie que vous choisissez un endroit précis du sol pour le passé, le présent et le futur. Vous pouvez placer mentalement les ancrages au sol ou travailler avec un repère.

Ensuite, réfléchissez à l'objectif que vous voulez ancrer dans l'avenir. Veillez toutefois à ce que l'objectif soit correctement formulé. Utilisez par exemple le modèle SMART.

Visualisez ensuite votre objectif et optimisez l'image à l'aide des sous-modalités - c'est ainsi que notre cerveau peut trier, coder et mémoriser ce que nous avons vécu. Ce sont donc des caractéristiques qui nous permettent de structurer nos expériences.

Pour obtenir des sous-modalités, nous utilisons la représentation sensorielle VAKOG pour former les images. Grâce à elle, votre image devient attractive pour vous.

Dans l'étape suivante, vous vous dirigez vers le présent et, de là, vers l'avenir. Décidez à quel endroit vous souhaitez placer votre objectif. Une fois que vous avez trouvé l'endroit qui vous convient, placez votre image cible sur la ligne du temps.

Maintenant, placez-vous dans votre objectif. Placez-vous à cet endroit et voyez comment vous avez atteint votre objectif.

Ensuite, vous remontez la ligne du temps depuis le moment où vous avez atteint votre objectif jusqu'au présent. Vous allez maintenant vivre tout ce qui s'est passé pour que vous puissiez atteindre l'objectif. Rassemblez maintenant toutes les expériences et ressources pour atteindre l'objectif.

Vous atteignez maintenant le présent et regardez vers votre avenir. À ce moment-là, vous devriez ressentir une énorme envie d'atteindre l'objectif que vous vous êtes fixé.

L'ouvre-porte magique pour réaliser vos rêves les plus chers

L'une des hypothèses de base les plus importantes de la programmation neuro-linguistique est probablement la suivante : « Ce qu'une personne peut réaliser, tout le monde peut en principe le réaliser ». Cette hypothèse constitue également la pierre angulaire de la modélisation. Par conséquent, vos rêves ne sont pas sans espoir, mais peuvent effectivement devenir réalité. Le rêve lucide est dans ce cas la clé du succès.

Cependant, tout le monde n'est pas en mesure d'expérimenter efficacement un espace de clarté. La bonne nouvelle, c'est qu'il est possible d'apprendre à être lucide. Et ce n'est que le sommet de l'iceberg.

Grâce à cette manière particulière de rêver, tous vos désirs peuvent être satisfaits. Mais qu'est-ce qu'un espace clair ?

Le rêve lucide est un rêve dans lequel vous êtes conscient que vous êtes en train de rêver. Nous ne parlons donc pas ici des rêves que vous faites lorsque vous êtes en phase de sommeil paradoxal. De même, pendant un rêve lucide, vous pouvez contrôler l'action du rêve, influencer consciemment son contenu et obtenir ainsi des informations et vous rendre à n'importe quel endroit et à n'importe quel moment pour entrer en contact avec d'autres personnes. En outre, le rêve lucide vous permet d'exercer de nouvelles compétences.

Nous faisons souvent un rêve lucide sans le savoir ou sans en être conscients - seule une minorité de personnes est capable de provoquer consciemment un rêve lucide. Il existe cependant quelques conseils et astuces qui permettent à chacun de maîtriser le rêve lucide. Et c'est précisément ce que nous allons voir maintenant. Car en rêvant lucidement, nous pouvons également influencer nos autres rêves de manière positive.

Le journal des rêves

Pour pouvoir vraiment se souvenir de chaque rêve, il faut tenir un journal des rêves. Si l'on considère les statistiques, chaque personne fait entre trois et sept rêves par nuit. C'est beaucoup ! Nous ne nous souvenons même pas de la plupart d'entre eux au réveil. Le journal des rêves nous permet toutefois de conserver certains souvenirs et d'obtenir ainsi plus de clarté sur la signification de nos rêves.

Pour le journal des rêves, vous devriez noter tout ce dont vous vous souvenez dès le réveil. Mais parfois, il faut laisser passer un peu de temps avant que les souvenirs des rêves ne reviennent.

La méthode de vérification de la réalité

Dans les rêves, les lois de la nature ne s'appliquent pas de manière habituelle. Nous avons par exemple du mal à compter nos doigts ou à déterminer l'heure. La méthode Reality-Check peut être utilisée plusieurs fois par jour. Mémorisez par exemple la question de savoir si vous êtes éveillé ou si vous rêvez. Vous pouvez également vérifier si les interrupteurs fonctionnent comme d'habitude ou non. En appliquant régulièrement la méthode Reality-Check, vous vous souviendrez également de cette habitude dans vos rêves et pourrez ainsi constater que quelque chose ne va pas pendant le rêve. De cette manière, nous sommes plus conscients de nos rêves.

Rêver selon le principe du rêve lucide induit par les mnémoniques

Avec cette méthode, vous vous rappelez, avant de vous endormir, un rêve que vous avez fait récemment et vous imaginez que ce rêve se transforme en rêve lucide. En même temps, vous devez vous répéter que vous allez faire un rêve lucide cette nuit. Ce principe fonctionne mieux lorsque vous avez déjà dormi quelques heures. La prochaine fois que vous vous réveillerez au milieu de la nuit, ne vous énervez pas, restez éveillé et passez le temps jusqu'à ce que vous vous endormiez en appliquant le principe du rêve lucide mnémonique.

Rêver selon le principe du « Wake-induced-lucid-dream »

Une variante plus avancée est le principe du réveil induit par le rêve lucide. Dans ce cas, vous essayez de garder l'esprit clair pendant que le corps s'endort. Si, pendant ce temps, vous avez l'impression que votre corps est paralysé, ne vous inquiétez pas. Il s'agit de la paralysie du sommeil. Votre corps est endormi, mais votre esprit est éveillé. La plupart des gens ressentent d'abord cette sensation comme désagréable.

Les possibilités imprévues de nos rêves

Nos rêves nous montrent la voie du succès. Peu importe que vous souhaitiez réussir sur le plan personnel, professionnel ou autre. C'est pourquoi il est si important d'avoir des rêves et des objectifs.

De nombreuses personnes qui ont réussi ont eu un rêve qu'elles ont réalisé. L'un des rêveurs les plus connus est certainement Martin Luther King. Sa citation « I have a dream... » lors de son discours du 28 août 1963 a été le signal de départ de la Marche pour le travail et la liberté sur Washington. Si nous n'avons pas de rêves, nous ne pouvons pas non plus suivre de visions. Mais c'est justement ce qui est important ! Tous ceux qui réussissent ont une chose en commun : ils ont une vision qu'ils veulent voir devenir réalité. Pour cela, ils surmontent tous les obstacles et ne se trouvent pas d'excuses. Car ce rêve est important.

Si nous arrêtons de rêver, nous ne pouvons pas non plus espérer réussir. Mais chaque personne devrait avoir sa propre définition de la réussite - pour les uns, ce sont de nombreuses et grandes choses matérielles qui caractérisent la réussite, alors que d'autres sont déjà satisfaits de petites choses et les considèrent comme une réussite. Le caractère unique des personnes se reflète également dans leur définition du succès.

Si l'on s'interdit de rêver ou si l'on en est empêché par d'autres, on risque d'accumuler ce que l'on a vécu au fond de soi. Nos rêves nous permettent non seulement d'assimiler ce que nous avons vécu, mais aussi de nous ouvrir à la nouveauté. Un changement de vie malsain entraîne par exemple une perte du temps de rêve pendant le sommeil.

C'est ainsi que peuvent apparaître des troubles psychiques tels que la dépression.

Les rêves sont une expression importante pour notre subconscient. Nos rêves attirent notre attention sur différents thèmes que nous voulons traiter. En même temps, les rêves nous montrent les étapes que nous devons suivre. Même les cauchemars ont une utilité. Ils nous obligent en effet à reconnaître la vérité et à y faire face.

Pour que nos rêves les plus chers se réalisent, nous avons besoin de peu de choses - seulement de nous-mêmes et de nos rêves. Ne laissez donc rien ni personne vous empêcher de rêver, aussi absurdes ou fantastiques que soient vos rêves. De nombreuses personnes ont eu un rêve qui a fait sourire les autres. Mais c'est précisément ce rêve qui a conduit au succès souhaité. Les rêves se transforment en visions - et celles-ci deviennent des objectifs à atteindre.

Vous vous voulez PLUS de la vie ? Avec la PNL, tout est possible... y compris pour vous !

Tout au long de ce livre, vous avez découvert l'efficacité des méthodes et des techniques de la programmation neuro-linguistique. Elles sont toujours utilisées lorsqu'il s'agit d'améliorer la communication ou d'exploiter au mieux son propre potentiel. Grâce à la PNL, vous pouvez vous épanouir et vous développer personnellement. Peut-être avez-vous le sentiment de ne pas avoir vécu correctement votre vie jusqu'à présent ? Grâce aux différentes techniques et méthodes, vous pouvez trouver de nouvelles voies pour mener une vie plus heureuse et plus satisfaisante, à votre image.

Pour conclure, jetons un coup d'œil sur les multiples et passionnantes possibilités d'application de la PNL.

Profitez de la polyvalence de la programmation neuro-linguistique

La PNL peut être utilisée efficacement non seulement pour le développement personnel, mais aussi dans d'autres domaines :

La PNL dans le secteur de la santé

La PNL est également utilisée par les médecins et le personnel soignant, où elle s'avère extrêmement utile. En effet, le domaine des soins de santé est un secteur qui évolue rapidement et qui exige beaucoup plus de la part du personnel que de simples compétences professionnelles.

On attend des employés non seulement une grande flexibilité et des compétences sociales, mais aussi une gestion efficace et des compétences sociales dans la résolution des conflits.

En effet, un traitement n'est efficace que si les collaborateurs sont capables de bien communiquer avec le patient.

Grâce à l'utilisation de la PNL, les médecins et le personnel soignant peuvent établir une relation harmonieuse et coopérative avec les patients ainsi qu'avec leurs collègues et collaborateurs. De cette manière, il est possible d'établir une communication qui favorise la santé.

En outre, de nombreux aspects de la PNL visent à améliorer sa propre santé, par exemple en réduisant le stress ou en utilisant les propres forces de guérison du corps. Une bonne technique permet d'établir un équilibre bénéfique entre l'état physique et l'état mental.

Comme pour le succès, on peut se demander dans ce contexte ce qui distingue une personne qui se remet d'une maladie ou d'un état de santé altéré d'une personne qui reste malade.

La PNL dans le coaching, la psychothérapie et le conseil

De nombreux coachs recourent aujourd'hui de préférence à la programmation neuro-linguistique pour aider leurs clients. En raison de son approche axée sur les ressources et les objectifs, la PNL est également un outil important dans ce domaine. Les méthodes et techniques sont utilisées non seulement pour les individus, mais aussi pour les groupes ou les entreprises. Il est ainsi possible de surmonter des difficultés, d'obtenir des changements ou d'optimiser la planification et la mise en œuvre. Mais l'épanouissement de chacun est également soutenu de cette manière.

Les objectifs définis dans le cadre du coaching sont utilisés pour développer des stratégies, transmettre des compétences ou assurer la qualité et la durabilité. La PNL peut également être utilisée dans le domaine du coaching pour orienter les valeurs dans la gestion.

De cette manière, les jeunes peuvent ainsi recevoir des impulsions concernant leur propre identité et leur propre rôle.

Outre le coaching, la PNL occupe une place de plus en plus importante dans le domaine de la psychothérapie et du conseil. Il est intéressant de noter que la recherche PNL s'est concentrée ces dernières années sur la question de savoir comment les thérapeutes qui réussissent aident leurs clients. Les modèles de langage et les comportements des thérapeutes performants sont analysés avec précision. Il est ainsi possible d'identifier des informations et des modèles de comportement importants.

Ces connaissances acquises ont donné naissance à différents processus PNL qui sont aujourd'hui utilisés pour un changement personnel et durable. Par exemple, les phobies peuvent être traitées à l'aide de la méthode Fast-Phobia. Grâce à leur polyvalence, les méthodes PNL peuvent également être utilisées pour traiter des manifestations cliniquement pertinentes. Les processus se caractérisent par des modèles de langage précis et la prise en compte de l'individualité de chaque client. En conséquence, chaque thérapie qui suit les approches de la PNL comprend un examen de l'écologie interne et externe du client. En effet, ce n'est qu'à travers cet ajustement que les changements souhaités peuvent s'intégrer harmonieusement dans le contexte des domaines de vie, des valeurs et des relations sociales.

La PNL est en constante évolution, ce qui permet d'affiner toujours plus les modèles existants. La programmation neuro-linguistique vit littéralement de l'ajout constant de nouvelles connaissances qui aident l'utilisateur à atteindre les changements souhaités.

La PNL est d'ores et déjà une aide précieuse pour comprendre la structure globale et l'impact des attitudes. Les convictions, les valeurs, l'image de soi, la perception de soi et la perception de l'autre sont autant d'éléments qui permettent d'améliorer la compréhension de soi.

La compréhension de l'effet du langage, des images et des métaphores peut être transmise plus efficacement grâce aux techniques et méthodes ciblées. Il est ainsi plus facile d'obtenir des changements durables et même d'optimiser les séances de thérapie brève et orientée vers les solutions.

La PNL dans l'économie

Dans le monde des affaires, la programmation neuro-linguistique est utilisée de préférence pour améliorer la communication interpersonnelle et optimiser les relations de confiance. Mais la technique appropriée permet également d'optimiser la réalisation d'objectifs précis. C'est la raison pour laquelle de nombreux formateurs en entreprise misent sur l'efficacité de la boîte à outils PNL dans leur travail.

Les participants acquièrent des compétences spécifiques qui les aident à mieux interagir avec les gens, en particulier lorsque ces derniers perçoivent le monde différemment d'eux. En outre, l'utilisation de la PNL permet d'améliorer les relations avec les collègues, les clients et les supérieurs.

Les techniques de présentation professionnelles et une rhétorique convaincante occupent une place importante dans la culture d'entreprise actuelle - des compétences qui ne sont pas innées chez tous les cadres. Les aspects créatifs et innovants de la PNL peuvent donc être une aide précieuse dans ce domaine également. Il est donc évident que la programmation neuro-linguistique est également utilisée dans l'économie en matière de développement d'entreprise, de formation d'équipe, de gestion de la qualité et de planification stratégique.

La PNL dans le domaine créatif

De nombreuses personnes créatives comme les acteurs, les chanteurs, les artistes, etc. utilisent la PNL. Les méthodes et techniques donnent aux utilisateurs la possibilité de découvrir leur propre créativité et de l'utiliser de manière systématique pour atteindre leurs objectifs. D'autre part, des méthodes spéciales, comme la stratégie Disney, peuvent être utilisées pour libérer des processus créatifs. Il est ainsi possible de développer l'énergie nécessaire pour mettre en œuvre ses propres idées, concepts et projets.

La PNL dans l'éducation

Oui, la programmation neuro-linguistique peut également être utilisée dans l'éducation ! La communication entre les parents et l'enfant peut ainsi être encouragée. Les parents ont ainsi la possibilité de communiquer de manière positive et compréhensive avec leur progéniture et de s'exprimer clairement. Cela permet à l'enfant de bien comprendre ses parents et de réagir en conséquence.

La communication entre de nombreux parents et enfants est influencée négativement. De préférence parce que les parents ne cessent de dire aux enfants ce qu'ils ne doivent pas faire. Or, ce petit mot peut renforcer l'action indésirable, car l'enfant doit d'abord réfléchir à l'action. Si l'on ajoute à cela un ton menaçant, cela peut générer de la peur chez l'enfant. Il s'ensuit une réaction de peur. Les enfants ont besoin de messages clairs. Malheureusement, nous, les adultes, les emballons dans des mots négatifs qui sont dus à nos états d'âme changeants.

Grâce à la PNL, les parents peuvent apprendre à mieux gérer leurs propres états d'âme changeants. En outre, ils apprendront que les enfants ne correspondent pas toujours à leurs propres idéaux, ils ne doivent pas être parfaits en tant que parents.

Les méthodes PNL ciblées vous permettront d'observer attentivement votre enfant et d'être à son écoute. Vous comprendrez ainsi comment votre enfant perçoit le monde et pourrez vous en inspirer. En outre, la programmation neuro-linguistique offre également différentes stratégies d'apprentissage qui permettent à votre enfant de faire face aux exigences du système scolaire actuel.

Par exemple, des outils peuvent être utilisés pour apprendre efficacement ou pour développer une saine estime de soi. De nos jours, ces deux facteurs constituent des pierres d'achoppement majeures pour les enfants.

La PNL à l'école

Outre les parents, les enseignants peuvent également utiliser la programmation neuro-linguistique pour leurs propres enseignements et comprendre l'apprentissage humain de manière plus consciente. La PNL offre aux enseignants des stratégies efficaces qui permettent aux élèves d'obtenir de meilleurs résultats. De nombreux pédagogues ont recours aux éléments de base de la PNL et les intègrent avec succès dans l'enseignement ou la gestion de la classe.

La PNL dans la médiation

La médiation en tant que modèle de résolution des conflits exige de la maîtrise de soi, de la persévérance, de la responsabilité personnelle et une certaine dose de créativité. L'approche du conflit par la médiation est fortement axée sur les besoins individuels de chaque partie au litige, car l'objectif final est d'atteindre un haut niveau de satisfaction chez toutes les personnes concernées. Dans ce contexte, l'image de l'être humain utilisée dans le modèle de la médiation est conforme à la programmation neurolinguistique :

la méditation et la PNL sont toutes deux des méthodes orientées vers les ressources, l'avenir et les solutions.

En conséquence, la médiation et la PNL peuvent être combinées de manière excellente et harmonieuse. Ainsi, la stratégie de rapport occupe aujourd'hui une place importante dans la médiation.

Vous voyez donc que la polyvalence de la programmation neuro-linguistique est extraordinaire. Les méthodes et techniques de la PNL peuvent être appliquées dans de nombreux domaines et surtout en ce qui concerne les différents problèmes ou écueils de la vie – commencez, vous aussi à utiliser la précieuse et unique boîte à outils de la PNL pour vous et votre vie !

Glossaire des principaux termes PNL

Accès oculaire

Mouvement oculaire inconscient pouvant indiquer un processus interne de traitement de l'information.

Alignement des niveaux logiques (*Local Level Alignment*)

L'alignement des niveaux logiques a été développé par Robert Dilts. Il a pour but d'aider les personnes à se sentir congruentes et entières par rapport à leur objectif. Dans le cadre du *Logical Level Alignment*, les niveaux logiques jouent un rôle décisif.

Ancrage

Processus par lequel un lien est délibérément établi entre un stimulus donné et une réaction donnée.

Ancrage coulissant

Ancre flottante avec renforcement du stimulus de l'ancre. De cette manière, la réaction peut être renforcée.

Ancre

Association consciente ou inconsciente d'une réaction à un stimulus.

Ancre empilée

Ancre dans laquelle différentes ancres ont la même position et sont empilées.

Association

Association de pensée ou position de perception. Dans les deux cas, on ressent dans son corps ce que l'on voit ou entend.

Back Track Frame (cadre de résumé)

Technique de langage dans laquelle on utilise principalement des répétitions littérales de ce qui a été dit.

Boucle calibrée

Modèle de stimulus-réponse bien établi entre deux ou plusieurs personnes.

Cadrage contextuel

Changement de signification dans lequel le contexte est modifié.

Cadre

Perspective et focalisation.

Cadre de conformité

Cadre décrivant à la fois le Yes-set et un cadre pour la résolution des conflits.

Cadre de contraste

Cadre qui met en évidence les différences et les conséquences.

Cadre de pertinence

La pertinence d'une objection ou d'une contribution par rapport au thème ou à l'objectif est remise en question.

Cadre de solutions

Cadre utilisé pour une approche orientée vers les solutions et les ressources.

Calibrer

L'étalonnage permet de calibrer la perception sur l'interlocuteur. De cette manière, l'état intérieur peut être reconnu. Cela se fait par la lecture des signaux non verbaux envoyés par l'autre personne.

Cercle d'excellence

Méthode permettant de rendre les états d'excellence accessibles.

Chaîne d'ancrage

Chaîne d'ancrage dans la technique d'ancrage.

Changement de position

Changement conscient de la position de perception.

Congruence/incongruence

Degré de concordance des parties associées dans la communication verbale et non verbale.

Croyance

Généralisation sur sa propre personne et sur le monde. Les croyances peuvent être positives ou négatives.

Dissociation

État de perception dans lequel un souvenir ou même une expérience sont vus de l'extérieur.

Échelles

Outil important dans le coaching pour quantifier le vécu ainsi que pour mettre en évidence les changements et trouver des ressources.

Écologie

En considérant l'écologie, il est possible d'avoir une vue d'ensemble du système.

État

En PNL on différencie trois états : l’état limitant, l’état présent et l’état ressource.

Exduction de la transse

Sortie ou retour de transe.

Fast Phobia Cure

Technique spéciale pour dissoudre les peurs ou les phobies.

Format Outcome

Format en trois étapes pour permettre la concrétisation des objectifs et l'élaboration de plans. La transe « comme si » est souvent utilisée dans ce cas.

Formation PNL

Formation ou séminaire dans lequel la programmation neuro-linguistique est enseignée.

Future Pace

Ancrage dans le futur.

Générateur de nouveaux comportements

Technique permettant de créer un nouvel état afin d'apprendre ou d'intérioriser un nouveau comportement.

Go First

Procédure spéciale dans le rapport.

Hiérarchie des valeurs

Hiérarchisation des valeurs en fonction de leur importance. Il convient de noter que chaque personne a une hiérarchie de valeurs différente.

Historique des changements

Format de la ligne du temps pour revivre avec des ressources une situation pesante du passé.

Induction de la transe

Introduction à la transe.

Intégration de SCORE

Format permettant de clarifier les conflits concernant l'objectif.

Intention positive

La programmation neuro-linguistique part du principe que chaque comportement repose sur une intention positive.

Leading

Processus consistant à diriger en combinaison avec une modification de ses propres comportements afin d'obtenir un changement de comportement chez l'autre.

Ligne de temps

Représentation visuelle du temps et mise en ligne de ses propres souvenirs biographiques. Dans ce cas, on utilise une ligne du temps imaginaire.

Méta-Modèle

Premier modèle de langage issu de la programmation neuro-linguistique, dont l'objectif est de mettre en relation une personne avec sa propre structure profonde par le biais de questions appropriées.

Méta-Position

Position d'observateur dissocié.

Méta-But

Objectif derrière un objectif réel.

Modèle de Milton

Modèles de langage pour mener les gens à la transe. Grâce à un langage artistiquement vague, ces personnes peuvent faire de nouvelles expériences et trouver ainsi des solutions ou de la clarté. Dans le modèle de Milton, le méta-modèle est également souvent inversé.

Modèle des parties

Modèle partiel sur les parties intérieures de la personnalité.

Modèle Sleight of Mouth

Modèles de langage pour assouplir et influencer les croyances figées.

Modèle TOTE

Stratégie de base de la programmation neuro-linguistique. Ce modèle constitue la base de nombreuses autres stratégies.

Modèles structurels du changement

Ces modèles comprennent le modèle « état actuel plus ressources comme état souhaité » ainsi que le modèle « partager, changer, unir ».

Modélisation

Apprentissage accéléré sur modèle.

Moment d'excellence (cercle d'excellence)

Transe pour construire et revivre un état meilleur.

Motivation

Force importante et fondamentale pour atteindre les objectifs.

New Orleans Flexibility Drill

Format qui permet d'éliminer l'automatisme de réaction (par exemple dans le cas de troubles obsessionnels compulsifs). Dans ce cas, l'automatisme de réaction est transformé en boucle calibrée.

Niveaux d'apprentissage

Modèle à quatre niveaux se référant à l'apprentissage.

Niveaux logiques

Le modèle des niveaux logiques a été développé par Robert Dilts et décrit les niveaux de changement. Les niveaux logiques sont appliqués dans le *Logical Level Alignment.*

NLPler

Utilisateurs de la programmation neuro-linguistique.

Nominalisation

Nom formé à partir d'un verbe ou d'un adjectif.

Objectif

État ou événement souhaitable. Les objectifs se situent toujours dans le futur.

Pacing

Technique de comportement visant à s'adapter à l'interlocuteur.

Pont vers le futur

Format de la ligne du temps pour vivre avec des ressources un événement futur perçu comme incertain.

Positions de perception

Perspectives adoptées consciemment ou inconsciemment à partir desquelles une situation est vécue.

Précadrage

Cadre de signification pour ouvrir ce qui suit.

Problème de ponctuation

Un point de départ subjectif qui se trouve à l'intérieur d'une communication.

Question miracle

Technique de questionnement issue de la thérapie brève axée sur les solutions.

Rapport

Relation ou lien entre le thérapeute et le client.

Réaction sémantique

Lien stimulus-réponse dans lequel un mot déclenche le stimulus.

Re-ancrage

Technique d'ancrage dans laquelle une réaction d'ancrage existante est remplacée par une nouvelle réaction.

Recadrage

Nouveau cadre ou réinterprétation pour donner un nouveau sens à une situation ou autre.

Représentation

Représentation intérieure d'un objectif,' un événement ou d'un problème.Les cinq modalités sensorielles sont utilisées à cet effet.

Ressources

Stock ou réserve de capacités ou de caractéristiques visant à obtenir un changement souhaité.

SCORE

Modèle d'organisation des objectifs. SCORE est l'abréviation de Symptom, Cause, Outcome, Resource, Effect (symptôme, cause, résultat, ressource, effet).

Séparateur

Interruption du modèle.

Signes de transe

Signes visibles de l'extérieur d'un état de transe.

Six-Step

Format de recadrage au niveau méta en six étapes.

SMART

Critères de bien-fondé de la formulation des objectifs. SMART signifie spécifique, mesurable, attractif, réaliste et temporel.

Stealing Anchors

Technique d'ancrage, dans laquelle les combinaisons stimulus-réponse existantes sont utilisées de manière efficace.

Stratégies

Les stratégies sont toujours nécessaires pour agir de manière planifiée, atteindre des objectifs et suivre des modes de pensée et de comportement.

Sous-modalités

Propriétés ou sous-propriétés des systèmes de représentation. Les sous-modalités codent nos expériences de la réalité.

Squash visuel

Format dont le but est de trouver une solution à deux parties qui semblent opposées. Il est souvent utilisé pour résoudre des conflits internes.

Swish

Format spécial permettant également d'interrompre les comportements compulsifs de type stimulus-réponse.

Technique du mentor

Technique de modélisation utilisant les techniques d'ancrage.

Technique du sandwich

Une technique de tamponnage spéciale dans différents formats.

Test

Vérification de l'efficacité d'une intervention.

TIGER

Critères pour installer des ancrages bien formés.

Transe

État de perception modifiée. Dans ce cas, l'attention est dirigée vers l'intérieur.

Utilisation

Les potentiels existants sont utilisés et appliqués. Mais les ancrages, les stratégies et les perturbations sont également utilisés.

VAKOG

Abréviation des cinq canaux sensoriels humains. VAKOG signifie visuel (voir), auditif (entendre), kinesthésique (toucher ou ressentir), olfactif (sentir) et gustatif (goûter).

Valeurs

Échelles supérieures de personnes et de représentations.

Vérification écologique

Check, dans lequel la compatibilité de l'objectif avec les autres aspects de la personne est vérifiée.

Printed by Amazon Italia Logistica S.r.l.
Torrazza Piemonte (TO), Italy

32609816R00060